口絵１　サグラダ・ファミリア贖罪聖堂「降誕の正面」側外観

口絵２　サグラダ・ファミリア贖罪聖堂「降誕の正面」、愛徳の扉口

口絵4　キハーノ邸『奇想館』

口絵3　カサ・ビセンス

口絵5　フィンカ・グエル（グエル別邸）左手前が門衛館、その右に正門、そして厩舎

口絵６　フィンカ・グエル、正面脇施設、厩舎の内部

口絵７　サンタ・テレサ学院、南側正面

口絵8　サンタ・テレサ学院、2階廊下。放物線の連鎖空間

口絵 9　グエル館正面、玄関部外観

口絵 10　グエル館、1 階玄関ホール

口絵 11　グエル館、主階（2 階）中央ホール

口絵 12　アストルガ司教館、南西側外観

口絵 13　ボティーネス館、正面（東南側）外観

口絵 14　グエル酒蔵、砦のような南側夜景

口絵 15　カサ・カルベート、北側正面外観

口絵 16　フィゲーラス邸、主階段（左）と南側外観（右）

口絵 17　グエル公園門衛館（左）と待合館（右）

口絵 18　グエル公園、正門大階段からドリス式列柱廊の「市場」

口絵20　カサ・バッリョ、オーナー階住宅用玄関ホール階段

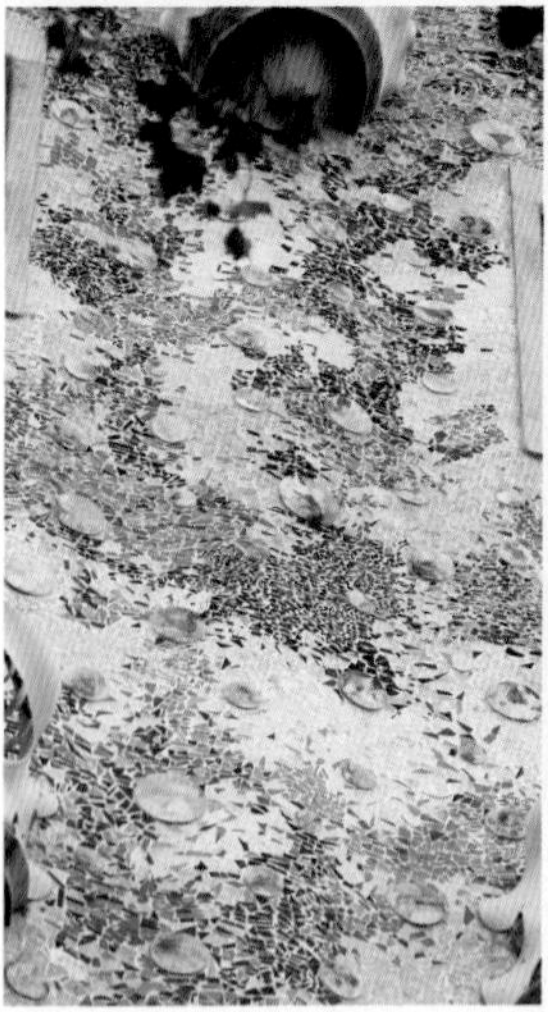

口絵21　カサ・バッリョ正面外壁、多彩色の色ガラス片被覆（光輝く小波の水面）

口絵19　カサ・バッリョ正面外観

口絵 22　カサ・バッリョ、正面下部詳細

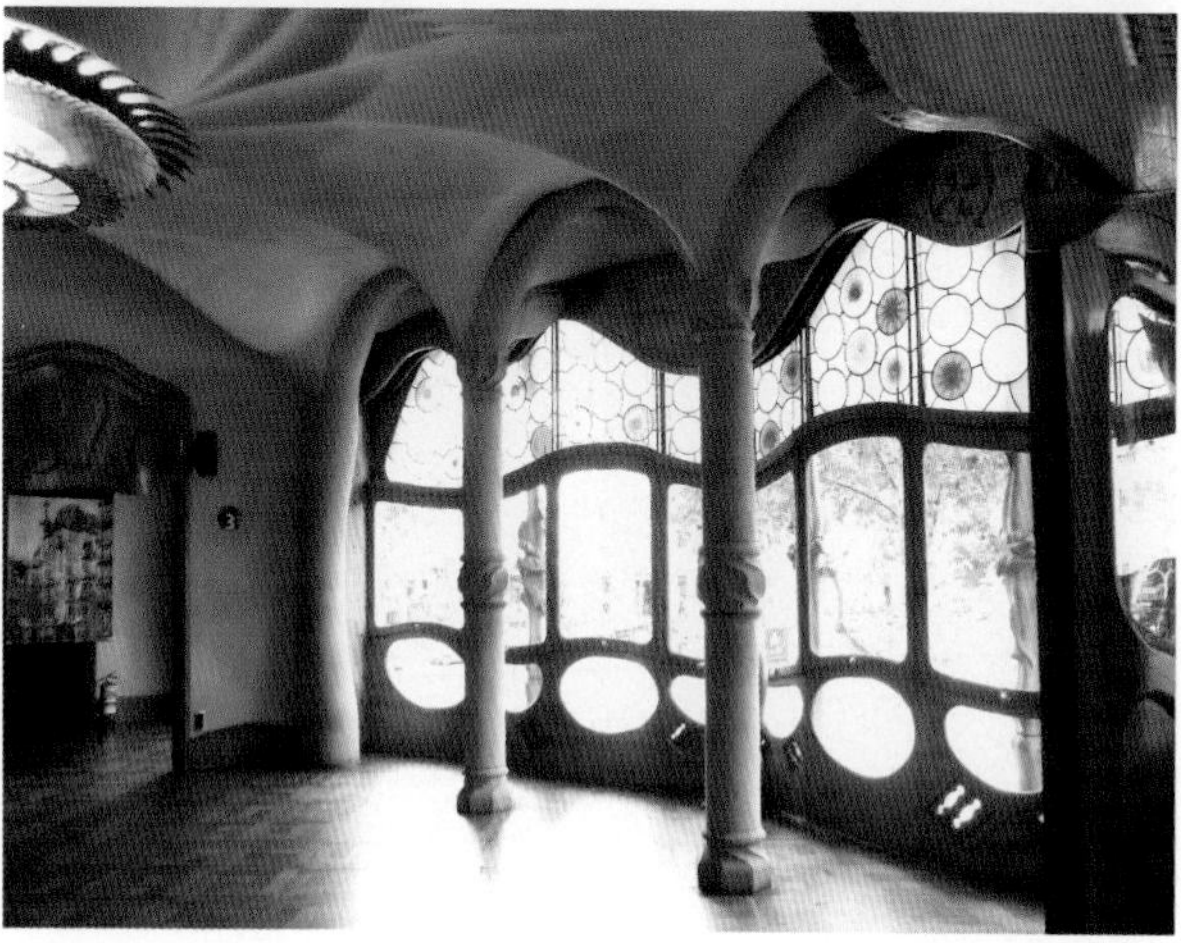

口絵 23　カサ・バッリョ主階（2 階）オーナー住宅階、居間

口絵 24　カサ・ミラ、南西側外観

口絵 25　カサ・ミラ、円形パティオ、オーナー住宅階への主階段

口絵 26　コローニア・グエル教会堂東側外観

口絵 27　コローニア・グエル教会堂、半地階部礼拝堂

口絵 28　サグラダ・ファミリア贖罪聖堂、聖堂内部

よみがえる天才 6

ガウディ

鳥居徳敏 Torii Tokutoshi

★——ちくまプリマー新書
370

	工期	作品名
1	1878-85	マタロ労働組合社
2	1880-81	コミーリャス礼拝堂、家具
3	1882	狩猟用別荘計画案、ガラッフ
4	1883-1926	サグラダ・ファミリア聖堂
5	1883- 85	カサ・ビセンス
6	1883-85	キハーノ邸、コミーリャス
7	1884-87	フィンカ・グエル
8	1886-90	グエル館
9	1888	トラサトランティカ館、バルセロナ万博
10	1888-90	サンタ・テレサ学院
11	1889-93	アストルガ司教館
12	1892-93	ボティーネス館
13	1892-93	タンジール計画案
14	1895-1901	グエル酒蔵、ガラッフ
15	1898-1900	カサ・カルベート
16	1900-1905	ベリャスグアルト、フィゲーラス邸
17	1900-14	グエル公園
18	1901-02	ミラーリェス邸の門
19	1903-16	栄光の第一秘蹟
20	1904-06	カサ・バッリョ
21	1904-1910	ロベルト博士のモニュメント
22	1904-14	マリョルカ大聖堂修復
23	1906-1910	カサ・ミラ
24	1908	大ホテル計画、ニューヨーク
25	1908-14	コローニア・グエル教会堂

ガウディ主要作品年譜（網かけ部分はグエル家とロペス両家の依頼作品）

目次 ＊ Contents

〈凡例〉

建築物の図版キャプション表記は、作品名（設計者名、建造物のある場所、工期等）。

本文中のカタルーニャの名称（地名・人名など）は、日本でスペイン語発音表記で知られていると思われるものは、カタルーニャ語発音の表記をルビにしている。それ以外の日本語訳に付けたルビは原語発音。

はじめに

国宝と世界遺産の建築家

バルセロナの未完の聖堂として有名なサグラダ・ファミリア（口絵1・2・28）。二〇二六年の完成予定でしたが、新型コロナウイルスの影響で建設は中断。二〇二一年一月に再開されたものの、完成は再び未定です。この聖堂の作者が、ガウディ。レオナルド・ダ・ヴィンチと同じく、ガウディも作品数が少なく、未完の作者として知られています。サグラダ・ファミリアのみならず、コローニア・グエル教会堂（口絵26・27）も未完ですし、これら二つの聖堂の起源となった作品、モロッコのタンジールに計画されたアフリカ伝道本部などは着工にも至っていません。アストルガ司教館（口絵12）も未完、ガウディの代表作として知られる世界遺産のグエル公園（口絵18）もカサ・ミラ（口絵24・25）も未完の作品なのです。

一般にはサグラダ・ファミリアの作者として知られるガウディですが、その他のユニークな作品群の建築家として世界的に知られています。生前の一九一四年、未完のカサ・ミラがバルセロナ市文化財に認定されたのを始め、他界してわずか四三年後の一九六九年、ほぼ全作の一七作品がスペインの国宝や重要文化財に相当する歴史的遺産に指定され、さらに一九八四年に三作品が世界遺産に、二〇〇五年には他の四作品も追加登録されています。

世界遺産への登録はガウディ建築の世界的評価を決定づけました。二〇一九年現在、世界遺産総数は一一二一件です。この登録は初年度一九七八年の一二件に始まり、七年目の一九八四年、ガウディ建築を含む二二件が一六四番目以降に登録されます。スペインは世界遺産大国で登録数第三位ですが、この年の五件が同国からの初登録になります。その五件とは、イスラームの古典的建築、コルドバの大モスク《メスキータ》（八〜一〇世紀）、そのイスラーム支配からの国土回復と中世キリスト教社会の繁栄を象徴するスペイン古典ゴシックの三大建築の一つ、ブルゴス大聖堂（一三世紀）、イベリア半島最後のイスラーム王国、ナスル《ナサリ》朝グラナダ王国の城塞都市、かつ全イスラーム圏至宝の宮殿、アルハンブラ（一三～一四世紀）、中南米を治め、大航海時代のポルトガルを併合し、「日の沈まぬ帝国」という地球規模の王国になったスペイン黄金時代を象徴する王宮・修道院・神学校の大複合建築、エル・エスコリアール（一六世紀）、そして、ガウディ建築です。これらは西欧キリスト教世界では唯一稀《まれ》なイスラームとの八世紀にわたる共生時代をもったスペインならではの歴史遺産の選定ですし、ガウディ建築がそれら歴史上の大モニュメントに匹敵することを物語っています。また、近代建築の世界遺産はガウディが最初で、鉄とガラスの魔術師ミース・ファン・デル・ローエが二〇〇一年、他の三人の巨匠グロピウスが二〇一一年、ル・コルビュジェが二〇一六年、そしてフランク・ロイド・ライトが二〇一九年の登録なのです。世界遺産への登録に見られるガウディ建築に対するこの極めて高い評価は、一体どこから来るのでしょう。

理想的な生き方

一八世紀までは各地各時代に特有の建築や様式があり、建築造形を決定する主体は人ではなく、その時代にあったと言えます。つまり、その時代の建築様式に支配・限定される中で、建築はデザインされてきました。一八世紀後半に出現する近代歴史学と産業革命がこの状況を一変させます。歴史建築の情報や異国の建築情報の蓄積、鉄やガラス、さらには鉄筋コンクリートなどの新しい材料の出現、銀行や株式取引所、博物館や美術館、大工場やデパートなどの新用途の建築タイプの要請、こうしたことが一九世紀の建築を大変革します。

新しい用途の建築は、新しい材料を使いながらも、過去の様式建築を参照してデザインされました。これが歴史主義のリバイバル建築です。参照した様式に従い、ネオ・クラシック（新古典）、ネオ・ギリシア、ネオ・ゴシック、ネオ・ルネサンスなどと呼ばれます。西欧以外の建築を参照した場合は、異国趣味の建築になります。中国風やインド風の建築です。この逆現象が日本の明治以降に出現する洋風建築です。特定の様式や異国建築を参照するのでなく、様々な様式や建築を参照し、それらの要素を組み合わせデザインすれば、折衷主義になります。

この折衷主義が自然主義や幾何学主義を導きます。元来、建築装飾には人や動植物の自然造形が使用されてきました。この建築装飾を参照してデザインすれば、歴史主義ですが、かつてのように自然そのものを参照した場合には、自然主義になります。建築装飾のみならず、建築を構成する柱、梁《はり》、アーチ、窓、屋根などは円筒や円弧、三角形や正方形などの幾何学が使用されています。これも、過去の建築に使用された幾何学造形でなく、幾何学そのものからデザインするならば、幾何学主義の建築になります。すなわち、この折衷主義は、参照使用する造形により、歴史主義にも、自然主義にも、あるいは幾何学主義にもなります。正にデザインを決定する主体は、様式ではなく、人になったのです。

人による創作は、無から有を生み出す神の創造とは異なり、現世に存在する無限無数の材料からひとつの作品を作ることとするなら、人は折衷主義を原則とする生き物と言えるでしょう。とすれば、一九世紀の折衷主義の建築は、建築様式の呪縛から解き放たれた人本来の姿を如実に反映するものと見なすこともできます。正にこのことが、ガウディ建築の生成と発展の中に認められます。

ガウディ建築もまた、時代の流れに従い歴史主義、自然主義、幾何学主義に変遷します。このガウディ建築は、一九世紀終わりから二〇世紀初めの西欧に広まったアール・

ヌーヴォーやバルセロナのムダルニズマ《モデルニスモ》に含まれながらも、しかし同時に、それらからはみ出た存在でもあります。明らかにこの建築は、様式建築に支配・限定される建築ではなく、人間本来の折衷主義に則《のっと》り、新たな建築、新たな様式を生み出した建築なのです。それも三つの様式を生み出しています。放物線《パラボラ》を建築言語とした「パラボラ様式」、自然造形の「洞窟様式」、そして、一九世紀初めに生まれた線織面《せんしょくめん》幾何学を造形言語とした「平曲面《ひらきょくめん》様式」の三つです。詳細は後述しますが、ガウディ建築の偉大さは、建築様式に支配・限定されることなく、時代の思潮に従いながらも、ガウディ建築と容易にわかる独自の様式を三つも生み出し、時代に先駆けたことにあるでしょう。貝殻《シェル》構造やコンピューターを駆使してデザインされる今日の複雑な曲面造形の建築などは、明らかにガウディ建築の流れをくむものです。ガウディは、その時代に作られ、そして次の時代を作ることに貢献しているのです。

ある意味で、理想的な人の生き方がそこには見られます。人は、このガウディを容易に天才・奇才と呼びます。この天才が、どのようにして天才になり得たのか、それが本書で明らかになるでしょう。

第1章　ガウディは才能に恵まれたのか？

天与の才

天与の才は、どうあがき、いかに努力しても、手には入りません。同じように、自分では選ぶことのできないのが、親と生まれる場所と時代です。資質は「生まれつきの性質や才能」を意味しますから、親からの遺伝子の問題です。場所と時代については次章で扱いますが、この「生まれつきの才能」が「天与の才」、そのなかでも優れた才能を「天才」と呼ぶようです。しかし、優れているといっても、余程優れていないことには天才とは呼ばれません。

例えば、運動能力の場合、その才能は幼少時代に容易に判明します。しかし、優れていたとしても、すべてが天才ではありません。王貞治《おうさだはる》やイチローは天才でしょう。しかし彼らは、忍耐を必要とする血のにじむ努力と自己管理により世界記録を達成しているのです。イチローが天才と呼ぶ大谷翔平《おおたにしょうへい》にしても、打者と投手のそれぞれ一人前の練習をしているそうですので、優に人の二倍以上の練習量をこなしていることになります。その成果は着実に現れ、現在は世界の「オオタニ」になっています。すなわち、天才とは生まれつきの才能でありながら、時間を惜しまぬ努力と忍耐の賜物であり、大器晩成という言葉が示すように、才能の開花はいつ訪れるかわかりません。この開花がない限り、自分の天才を知ることはできません。生きる限り耐えて努力することが肝要になります。ガウディがガウディになり得た第一の条件は、人生に与えられた時間のすべてを建築に費やしたことにあります。ガウディも言っています。

「忍耐は能力である。それ故、忍耐のできない子供は不能者なのだ」

「忍耐とは受動的ではなく、たとえ解決が間近に見えなくても、根気よく仕事を続けながら待つことである。すべてがわれわれの努力次第であるにもかかわらず、それをせず、天から物事が降るのではと待つことは『愚かなこと』である」

「どんなに小さなものであれ、作品に注がれた努力はすべて、最終結果に反映される」

「時間と資金は重要なことを実現するための基本的条件だ」

何かを実現すること、すなわち自らの天与の才を知るためには、忍耐すること、努力すること、そして時間をかけることが条件になります。忍耐も努力も能力とするなら、その能力のあるなしを知るためにもそれらを実践しなければなりません。

ガウディの家族

天与の才が遺伝子の問題とするなら、それを知るには両親や祖先を見る必要があるでしょう。これについて亡くなる二年前のガウディはこう語っています。

「私には空間をとらえる資質がある。なぜなら、父は銅板器具職であり、祖父も、曾祖父《そうそふ》もそうであるからだ。母方も銅板器具職の家系であったし、母の祖父は（銅板器具職と同じ）樽《たる》職であったし、もうひとりの祖父は船乗りで、同じく空間と位置の人である。こうした人々の子孫のすべては空間の素養を身に付けやすくする。銅板器具職は金属板から立体物を作らなければならない。仕事にとりかかる前から、空間を見ておかなければならない。フィレンツェの偉大なるルネサンスの芸術家たちすべてが彫金師であった。この職種も平板の材に立体を刻む。だが、彫金師の仕事はそれほど二次元の平面から離れるわけではない。その点、銅板器具職は三次元を掌握しており、無意識のうちに空間をわがものとしている」

　父のフランセスク・ガウディ（図1）も祖父も曾祖父も、鍋ややかんとか、蒸留酒用の複雑な蒸留器などを銅板の板から作る職人です。母アントニア・クルネートの父と祖父も同じ銅板器具職で、曾祖父は彫金師です。建築は空間芸術と言われるように、建築家は三次元の空間作りを主な仕事としています。建築を設計するには空間をとらえる必要があり、その才能は親譲りだと言っているのです。だとするなら、銅板器具職や樽職の家系から優れた建築家が誕生することになるでしょうし、空間作りを専門とする建築家の家系からより多くを輩出することになるはずです。しかし、現実はガウディのようなケースは稀《まれ》です。ほとんどの場合、そうなっていません。たとえ親譲りの才能を持っていたとしても、それだけでは、才能は発揮されないということでしょう。

　子供時代のガウディについて情報は多くはありませんが、幼なじみのトーダによれば、父親は「律義な銅板器具職の親方」で、「屋根に覆われた大きな中庭《パティオ》に銅板加工場」を持ち、「他の職人への支払いを抑えるためすべての仕事を一人でこなすよう懸命に働き、

図1　ガウディ家、モンセラーでの記念撮影（1900年頃）。左手前より医師サンタロー博士、奥にガウディ、その手前が父フランセスク、姪ロザ

丁稚《でっち》一人を抱えるだけ」であったと言います。極めて職人的な稼業であったと推測されます。しかし、その仕事場は二階を住宅とし、中世以来のレウス市旧市街に接し、一九世紀から発展する新市街の中心になるプリム広場を望む場所にあったことを考えると、経済的に豊かとは言えないとしても、決して貧しい家ではなかったはずです。

信憑性《しんぴょうせい》は定かではありませんが、時には父親を手伝いガウディもハンマーを握ったと言います。このことを裏付けるのが最初期からの完成度の高い鉄細工です。材料に精通した知識、それら加工法の熟知度の高さ、これらは父親の働く姿、実際に材料を手にできる環境、さらに自らの手で加工した経験から身につけていたに違いありません。学生時代のアルバイトでデザインしたシウタデーリャ公園の門扉《もんぴ》と街灯（図2）、建築家の資格取得後の初めての公共の仕事になったライアール広場街灯、パトロンのグエル《グエイ》に才能を認められることになるコメーリャ革手袋店のパリ万博用の鉄とガラスのショーケース（図28）、建築処女作のカサ・ビセンス（口絵3）の鉄柵、同時期のコミーリャスのキハーノ邸『奇想館《エル・カプリッチョ》』（口絵4）の鉄柵やバルコニー、そして鉄細工装飾の大作、フィンカ・グエル（グエル別邸《ヴィラ》、口絵5）の正門「ドラゴンの門」（図3）、さらに、アールヌ

図２　シウタデーリャ公園サブゲート（ガウディ、バルセロナ、1876-80、『カタルーニャ画法』掲載図 1880-09-20）

図３　フィンカ・グエル（グエル別邸）正門「ドラゴンの門」門扉（ガウディ、バルセロナ、1885）

ーヴォーの先駆けとなるグエル館の門扉（口絵9）や室内の鉄細工装飾と続きます。

　これらの諸例では、金属加工職人の息子という家系が極めて重要であったことが判明します。丁度この時期、六〇代の父がレウスからバルセロナに転居し、息子と同居し始めていますから、助言や手助けがあったかも知れません。ガウディの場合、まず鉄細工で完成度の高い作品が作られ、その後に、それを応用するかのような造形が建築作品に現れ、それをさらに発展させ、独創的な建築造形に達しています。

　ガウディ家の家族構成で最初に気付くことは、両親が同年輩であることでしょう。母親の方が家計の実権を握っていたことであろうと推測されます。「頼れるお母さん」であり、父親は手仕事に専念したことでしょうし、「黙して語らず」を信条とする典型的な職人であったに違いありません。当時の多くのスペイン人と同じく、ガウディも聖母マリアの信奉者ですが、これが母親の影響であったことを示すような資料はありません。しかし、父親の黙々として働く後姿こそ、ガウディが受け継いだ職人気質《かたぎ》の性格でしょう。このことは、抽象的な理論を好まず、具体的な事例を最優先するガウディの姿勢にも見られます。「人は言葉の人と行動の人との二つの種類に分けられる。前者は語り、後者は実行する。私は第二のグループに属す」と、ガウディは晩年語っています。会話の途中で反論でもされようものなら、「必要なのは行動であって、言葉ではない」と言い放ち、会話はそこで終わってしまうことでしょう。恐らく、感情的な性格ですぐに怒り出し、人を理路整然と諭すことのできる話術には欠けていたということでしょう。

ガウディ家は三男二女の子に恵まれましたが、長男を二歳、次女を四歳で亡くし、長女と次男も三五歳と二五歳で失います。本書主人公の末っ子アントニ・ガウディのみが七四歳近くまで生き延びます。ちなみに、母親は六三歳で亡くなりますが、父親は九三歳の長寿です。

しかし、ガウディが健康に恵まれていたわけではありません。母親は脆弱《ぜいじゃく》な体質だったようで、長男の時から妊娠に苦しみ、難産からの回復も大変でした。ガウディの出産も同じで、医者からは小学校への入学を遅らせるよう助言されていました。

「アントニには勉強を急がせないように、なぜなら、食欲不振と発育の遅れが見られるからで、成人になれない可能性すらあるからです」

図4　兄フランセスク・ガウディ（1851-76）

五歳の時に聞いたこの医者の言葉が、「生きのびるためなら医師の指摘には何でも従おうと思った」とガウディは言い、「医者の予見は外れたけれどね」と述懐しますが、体が弱かったことは確かです。

長女ロザは結婚して同名の娘をもうけますが、夫が飲んだくれで幸せな夫婦生活は築けなかったようです。一八七六年から家族全員バルセロナに転居しガウディと同居しますが、夫の姿は見られません。また、この長女他界後は、ガウディが姪《めい》ロザの面倒を見ることになります。父親と同名の兄フランセスク（図4）はバルセロナ大学医学部を卒業し、医師免状を取得して前途を嘱望されながらも夭折《ようせつ》します。この兄の存在は、職人の末っ子には欠かすことができません。なぜなら、病弱だったガウディは運動にも学問にも優れず、この兄の存在がなければ、大学への進学など到底考えることができなかったに違いないからです。この年子の兄が医学部を卒業すると、ガウディはその家に同居し、バルセロナの建築学校に通っていますので、精神面のみならず、経済面でも兄に助けられたと推測されます。

生い立ち

ガウディ家はレウスに四つの家屋を持ったと伝わっています。一つが父の仕事場兼住宅。二つめは母方の住宅。三つめはガウディが相続し、道路拡幅時に市に寄贈した土地。さらにもう一ケ所は信憑性にかけますが、後のカサ・ミラのオーナー夫人になるルゼー・サジモンによると、彼女の実家近くの家屋だそうです。カサ・ミラの建設当時、既に絶対的な権威者で、女性扱いに疎く、女性には愛想のないガウディを毛嫌いしていたサジモンは、自らが生まれる前の次のような偏見に満ちた情報を伝えています。

「サジモン夫人の実家はガウディ家の隣人であり、ガウディの母親が彼女の家に頻繁に現れ、食事のみならず、古着や古靴、さらには金銭までも受け取っていたから、経済的にはかなり厳しかったに違いない」というものです。

ガウディの父親は銅板器具職を本職としながらも、レウス市の度量衡器検査官という公職にも就く他、同市から五㎞離れた町、出身地リウドムスに四つの不動産を所有し、すべてをガウディが相続しています。サジモン夫人の述懐は信じ難い伝聞と判断されます。そのリウドムスの四つの不動産とはレウスに転居する前の仕事場兼住宅の三階建て「銅板器具店」と三つの農地で、その一つには「銅板器具職の家《マス・デ・ラ・カルデレーラ》」と呼ばれる農作小屋が増築されて現存します。その家屋には「ガウディの生家」と刻まれた銘板が設けられていますが、これには信じるに足る根拠がありません。

　ガウディは体が弱いばかりでなく、六歳までに持病となるリュウマチにかかり、ひどい時には歩行困難のことがありました。リウドムスに行くときはロバを使う必要もあったと言いますから、同年代の子供たちと駆け回り興ずるようなことはなかったでしょう。恐らく子供たちの遊ぶ姿を眺めるという傍観者、もしくは観察者の役割を演じたに違いありません。また、リウドムスの農作業は母親の仕事になったことでしょうし、農作小屋「銅板器具職の家」は、農機具を保管し作物を貯蔵する場所であり、ロバやニワトリなどの家畜小屋でもあったようです。この農地からレウスの住宅までの作物の運搬にロバは不可欠でしょうし、幼子を乗せて連れて行くこともでき、農作業中はガウディをこの小屋に置くことも可能です。こうした状況から、子供時代のガウディの有名な話が生まれます。

生先が子供たちにこう説明します。

「鳥は飛ぶために羽をもっています」

すると、ガウディは、

「うちの農作小屋のニワトリは大きな羽をもっているのに飛べません。もっと早くかけるために羽を使っています」

と答えたというのです。

スペインでは、降誕祭《クリスマス》は一二月二四日のクリスマスイブから一月六日までの期間なのですが、この時の飾り物がクリスマスツリーではなく、「ベレン」と呼ぶ降誕時のベツレヘム《ベツレヘム》村の様子を小型模型《ジオラマ》で再現するもので、イエス誕生の馬小屋や飼葉《かいば》桶《おけ》、羊飼いの礼拝や東方三博士の礼拝などが再現されます。

ベレン作りは子供には大イベントです。幼いガウディも一心不乱にこのジオラマを作ったそうです。手だけは器用に動いたようで、随分と風変わりなベツレヘム村が完成します。この情報は、建築家バレニスの母親が残しています。小学校の同級生であった彼女は、熱心に手を動かし、紙の家を作っているガウディに対し言います。

「トネート《アントニ》、随分と変わった家だね。この辺の家とは全く違うんだもの」

それから半世紀後、この二人がカサ・ミラの前で偶然会います。彼女はこの昔話を思い出し、ガウディに告げると、

「そう、そうでしたね。今も他の家とは全く異なる家を石で作っているんです」

と、ガウディが答えたそうです。

ガウディの資質

ガウディの「生まれつきの性質や才能」は生まれた時点では不明だとしても、死ぬまでに成したことから推測することはできるでしょう。第一に、忍耐し努力できる能力、第二に、父親譲りで職人気質の「寡黙」な性格、第三に、病弱な幼少期に育んだ独自の「観察力」、第四に、同じ病弱から培われたであろう「他人とは異なりたい」、つまり「目立った存在になりたい」という願望、などを列挙することができるでしょう。本人

が強調した空間掌握については、ガウディに特別な能力があったとは言い難いでしょう。なぜなら、晩年のガウディは人には空間を想像することができないと言っているからです。

「人の知性は二次元の平面の上で行動できるだけであり、未知数一つの一次方程式を解くに過ぎない。天使の知性は三次元で、空間のなかで直接に行動する。人は実際を見るまで行動できず、最初は平面上の線の軌跡に従うことができるだけだ」

空間を直に扱うことができないからこそ、空間を想像する建築設計の補助手段として模型という模擬の三次元空間を作り、それで空間の疑似体験をしていたのです。縮尺一〇分の一といった大きな石膏《せっこう》模型です。当時のバルセロナの高さ制限二二mの建物なら、高さ二m二〇cmの模型になります。サグラダ・ファミリア聖堂の「降誕の正面《ファサード》」(口絵2)の建設では実寸大の石膏模型(図44)を作り、それを実際の場所に設置し検証して後、石に刻んでいます。ガウディに空間掌握の能力があったというよりも、その掌握のために人のやらないような努力をする能力があったと言うべきでしょう。

この空間掌握や模型制作に関連して考えるなら、ガウディの手先の器用さは遺伝的なものでしょう。この器用さから模型作りに導かれるからです。後述しますが、この意味では他の勉強が今イチのガウディの成績で、唯一幾何学だけは常に優秀なのです。

幾何学で重要なことは見る力、すなわち観察力。次に重要なのが、手を動かし図形を描くこと。描くことで、計算することも考える必要もなく、答えが見えてきます。答えが見えてから、計算し考えればよいのです。抽象的な理論よりも、実践を好むガウディの性格にはぴったりの学問と言えるでしょう。この幾何学こそ、建築デザインのベースになるものです。したがって、ガウディの天与の才を考える時、この手先の器用さを見逃すことはできません。

第2章　生まれた場所と時代

地縁関係が強いレウス

スペイン北西部に位置するカタルーニャ州（図5）は、北側はピレネー山脈を挟んでフランスに接し、東は地中海に面し長い沿岸部を形成します。この沿岸部の北よりジローナ、バルセロナ、そしてタラゴナの三県、および、西側内陸部のリェイダ県の四県より同州はなります。ガウディの出身地レウス（タラゴナ県）は、バルセロナから南西約一一〇㎞の距離です。レウスから東にわずか一二㎞の沿岸に位置する県庁所在地のタラゴナは、古代ローマの州都であり、かつては首座大司教の在所としてカトリックの中心でもありました。レウスは一八世紀から二〇世紀初めまでカタルーニャ第二の都市として栄えます。

レウスは肥沃《ひよく》なタラゴナ平原の果実や農作物の集配地であり、織物とワイン産業で潤い、特に蒸留酒はパリやロンドン並みの品質と高く評価されていました。当時の地元の標語が「レウス、パリ、ロンドン」であり、西欧大都市に追いつけと意気軒高な時代環境がうかがい知れます。こうした中、ガウディ四歳の一八五六年、レウスからタラゴナへの鉄道が開通し、さらにバルセロナへは六五年に開通します。これで人々の移動に拍車がかかり、田舎から大都市バルセロナへの人口流入がますます顕著になります。

同じくガウディ幼少期の一八六〇年、モロッコとのアフリカ戦争での立役者として、乃木《のぎ》将軍のように国民から大喝采を浴びたプリム将軍（レウス伯爵）が出現し、その凱《がい》旋《せん》祝賀会が出身地レウスでも催されます。六八年の旧体制を崩壊に導く九月革命でも主役を演じ、翌年の総選挙後は首相に選出され、当時のスペインで最も影響力ある人物の一人と見なされました。

同じアフリカ戦争で頭角を現すもう一人のレウス出身の画家がいます。そのフォルトゥーニは、バルセロナ県より従軍画家として派遣され、色彩豊かなオリエンタリズムを開花させ、大作の『テトゥアン戦役』（カタルーニャ美術館）を描きます。一九世紀のスペインではゴヤに次ぐ画家とされ、日本趣味《ジャポニズム》の画家としても知られています。そして、

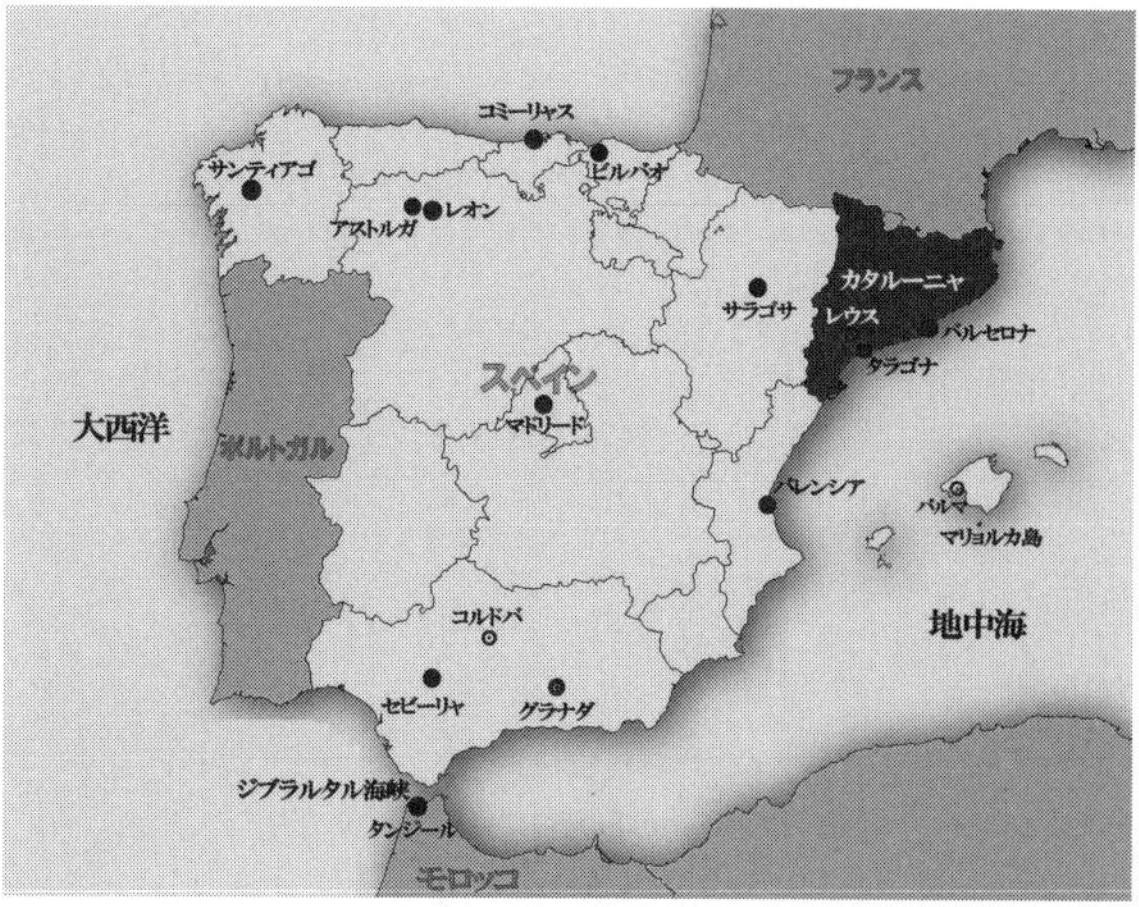

図5　カタルーニャはスペイン北西部、フランスとの国境近く

レウス三羽烏《さんばがらす》のもう一人の著名人がガウディになります。当然ながら、ガウディは地元出身のこの二人を尊敬し、プリムについてはこう述べます。

「プリム将軍は、誰一人として見ることができなかった当時の政治状況を見抜き、フランスやオーストリアよりも遥《はる》かによくメキシコ問題を見ることができた」（このメキシコ問題では、スペインが政治介入から撤退したのに対し、他二国の介入は一八六七年のメキシコ皇帝暗殺で大失敗に終わる。）

また、「われわれのフォルトゥーニは光を微細な粉末にして、輝くような豊かさを表現する。思うに、今日まで一人の画家として彼を越えることができなかった」と高く評価し、色彩の画家としてこうも述べます。「フォルトゥーニはベラスケスやラファエルといった巨匠たちよりも確実に、おそらくヴェロネーゼと同じ位に色彩を見ることができた」

色彩の画家フォルトゥーニの多彩色の建築家ガウディへの影響は考えられないわけではありません。しかし、それ以上に、これら身近な二人の偉人の出現は、幼いガウディに「自分も」という気概、もしくは未来への勇気を与えたことでしょう。

このレウス出身という地縁は、血縁同様、ガウディの将来に多大な影響を及ぼします。人は生まれる場所を選べないという意味で、地縁もまた、人間形成に忘れてはならない重要な条件になることでしょう。例えば、血縁や地縁とは無関係な遠隔の地アストルガに司教館（口絵12）が依頼されたのは、その当時、司教に就任したグラウ神父がレウス出身であったからです。また、フンサレー《フォントセレー》の事務所が学生ガウディのアルバイト先となったのも、その父の建築家がレウス近郊の出身であったからでしょう。このアルバイト先でシウタデーリャ公園の鉄柵や門などのデザインをしているのです。次章で述べますが、中高時代の仲間たちが文筆活動でガウディに声援を送ります。他方、ガウディに協働した助手の建築家たち、バランゲー《ベレンゲール》、ルビオー、スグラーニャス《スグラーニェス》、キンターナもまたレウス出身、ジュジョールのみが隣接都市タラゴナの出身です。

地縁関係がなぜこれほど強いかと言えば、カタルーニャ第二の都市とは言え、レウスは小さな町に過ぎないからです。一八六〇年、バルセロナの人口が約二四万に対し、レウスは二万七千なのです。これが一九一〇年になると、約五九万に対し、二万五千と、レウスは減少です。ガウディ家のように、地方から大都市バルセロナへ人口が流出しているからです。

図6は二〇世紀初頭のレウスです。人口減少を考えれば、ガウディの子供時代とそう変わらないでしょう。

1〜4は、ガウディ家が所有したという家屋のあった場所です。1仕事場兼住宅、2母方の家屋、3道路整備で寄贈した家屋、4カサ・ミラのオーナー夫人指摘の家屋。そして、A〜Cはガウディの通った教育機関です。Aはガウディの右腕となった助手バランゲーの父が主宰した学校、Bは病院内に開設されたパラウの学校、これら二つの学校で初等教育を修めます。Cのエスクエラス・ピアス学院で中学から高校に相当する中等

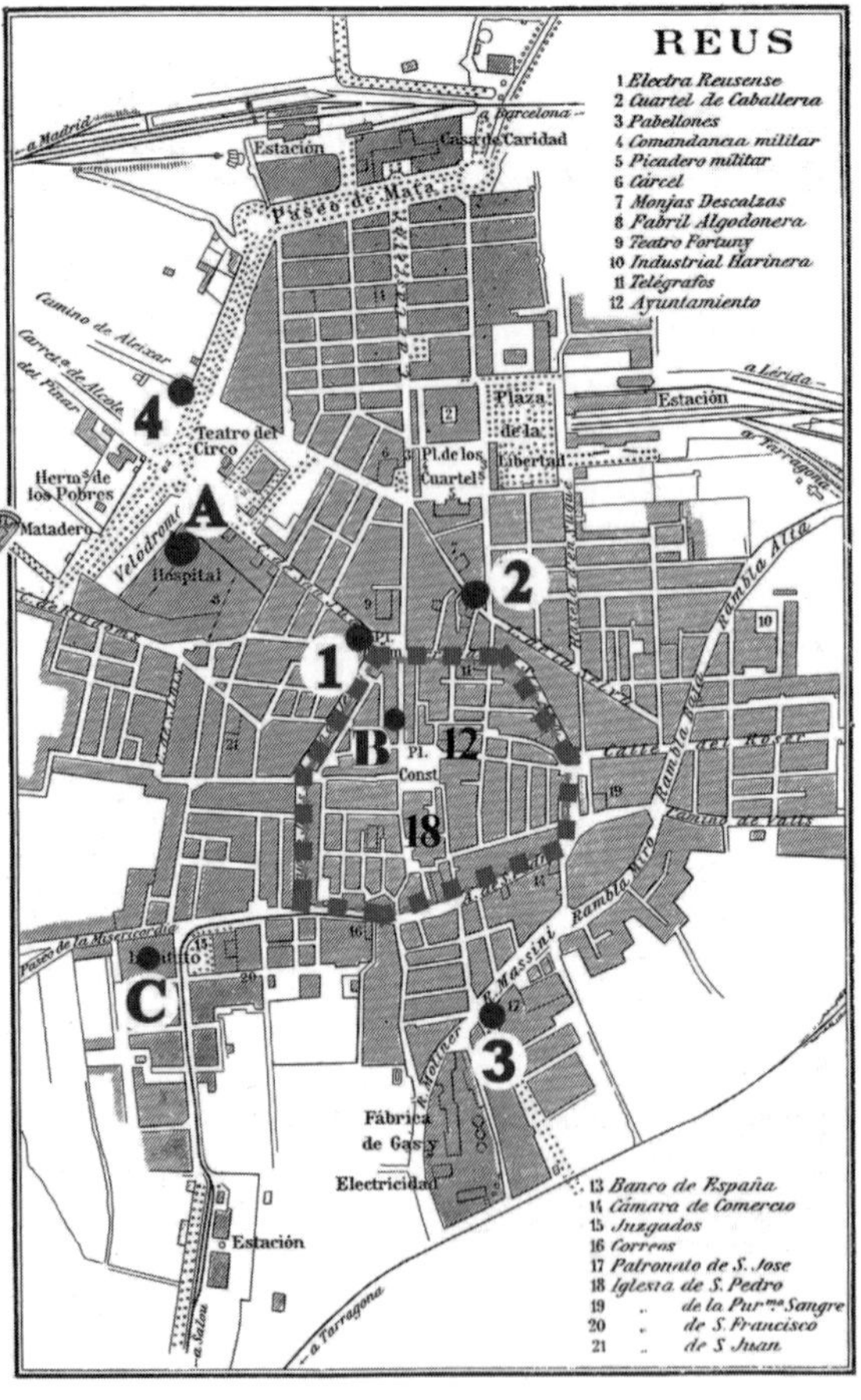

図6　レウス、20世紀初頭の都市図。1〜4は、ガウディ家が所有したという家屋のあった場所。1仕事場兼住宅、2母方の家屋、3道路整備で寄贈した家屋、4カサ・ミラのオーナー夫人指摘の家屋

教育を学びます。2のサン・ビセンス通りの家からCの学院までの距離は約五〇〇m、自宅から小学校のAとBまではそれぞれ一〇〇mと二〇〇mの距離です。

B近くの地図内番号12は市役所、18はガウディ兄弟全員が洗礼を受けたサン・ペラ教会堂、両者に挟まれた「憲法広場」が旧市街の中央広場に相当し、破線で囲った部分が旧市街部で、人口は数千程度でしょう。その外側に町が発展し、1のサン・ジュアン通りの始点のプリム広場が新中央広場になります。

レウスは小さく、町の誰もが知り合いになりそうな規模ですから、地縁関係も強い絆《きずな》で結ばれていたことでしょう。またガウディ家の仕事場の立地条件の良さも判明します。

なぜガウディ建築はバルセロナに集中しているのか

ガウディ建築のほとんどがバルセロナ（図24）に集中しています。一人の建築家の作品が同じ場所でこれほど多く見られるのは珍しく、観光客には嬉《うれ》しいことでしょう。これはバルセロナという都市がいかに多くの機会《チャンス》をガウディに与えたかを物語ります。建築家は画家や彫刻家、あるいは音楽家とは異なり、自らの意思のみで作品を制作することは極めて稀《まれ》なケースで、一般的には、依頼があって初めて、大きな仕事が可能になります。当時のバルセロナという存在なくしては、ガウディ建築の出現はなかったはずです。

古代ローマ時代に創設されたバルセロナは、常にこの地域の主都であり、中世のバルセロナ伯領時代（九〜一二世紀）はもちろんのこと、西側に隣接するアラゴン王国と合体したアラゴン・カタルーニャ連合王国がカスティーリャ王国と統合してスペイン王国になるまでの間（一二〜一五世紀）も大いに栄えました。この連合王国時代、南部バレンシア地域と地中海に浮かぶマリョルカ島のイスラームの地を再征服し、さらに、シチリア王国、サルデーニャ島、コルシカ島、ナポリ王国からアテネ公国まで征服し、西地中海を制覇します。海洋王国の出現であり、この広大な制海権に守られた交易によりバルセロナは一三〜一四世紀に隆盛を極めます。

しかし、ペストによる人口の激減や一六世紀以降の新大陸との交易が南部セビーリャに限定されたこともあり、バルセロナは衰退します。一六世紀にスペインが新大陸へ進出し黄金時代を謳歌《おうか》していたこととは対照的です。一九世紀後半、バルセロナは産業革命の導入で復活し、繊維産業を中心に経済繁栄し、中世に次ぐ第二の黄金時代を築きます。この繁栄は地方からの人口流入に拍車をかけ、人口は一八一八年の約九万弱から六〇年には二四万、そして一九〇〇年には五三万へと急増します。中世の旧市街を取り巻いていた城壁を取り壊し、その外側に都市域を拡張せざるをえず、建設需要はいやが上にも高まります。この豊かさによる需要こそガウディ建築誕生には不可欠の条件でしょう。

同じ産業革命は貧富の差を生み、イギリスの例に漏れず、バルセロナでも労働者の貧困は顕著で、住居は極悪で非衛生な状態にありました。これら虐げられた人々の中には、時代の趨勢《すうせい》を受け、社会主義や共産主義、あるいはアナーキズムに走るものもあり、ストライキを決行したり、大企業家の暗殺を謀ったり、さらに爆弾テロなどを実行したりします。他方、産業革命という科学の時代にあって、そうした実力行使に訴えることのできない人々は、神に救いを求めます。これら貧しき人々の中には、コネを使うかのように、聖家族《サグラダ・ファミリア》（子のイエス・キリスト、聖母マリア、その夫ヨセフの三人よりなる）の家長であるヨセフを通して頼めば、神は率先して助けてくれるであろうと希望的観測を抱き、一人より集団で祈った方がより可能性があろうと団体を組織し、サグラダ・ファミリアに捧《ささ》げた聖堂の建立《こんりゅう》に向かいます。産業革命の負の側面、貧困層の増大もまた、ガウディ建築誕生の一つの条件だったのです。

ガウディは当時のバルセロナが作り出したこうした環境を努力してものにしていきます。晩年のガウディもこう言います。

「人は環境にしたがって生きなければならない。都合の良い環境であれば、それに逆らわず、不都合な環境であれば、それと戦いながら生きなければならない。努力に報いのないものは一つもないのであるから、与えられた環境は常に活用しなければならない。環境は、天が人に命ずる天命である」

親を選べないように、選ぶことのできない時代環境もまた天命だと、ガウディは言うのです。生まれつきの才能と同じく、時代環境という天命もまた、生かすも殺すも個人の努力次第だと言うわけです。

図7は一八六四〜六八年に作成されたバルセロナの都市図です。中央の不整多角形のエリアが中世の城壁に囲まれた旧市街区です。下の方が地中海に開いた港で、上方の碁

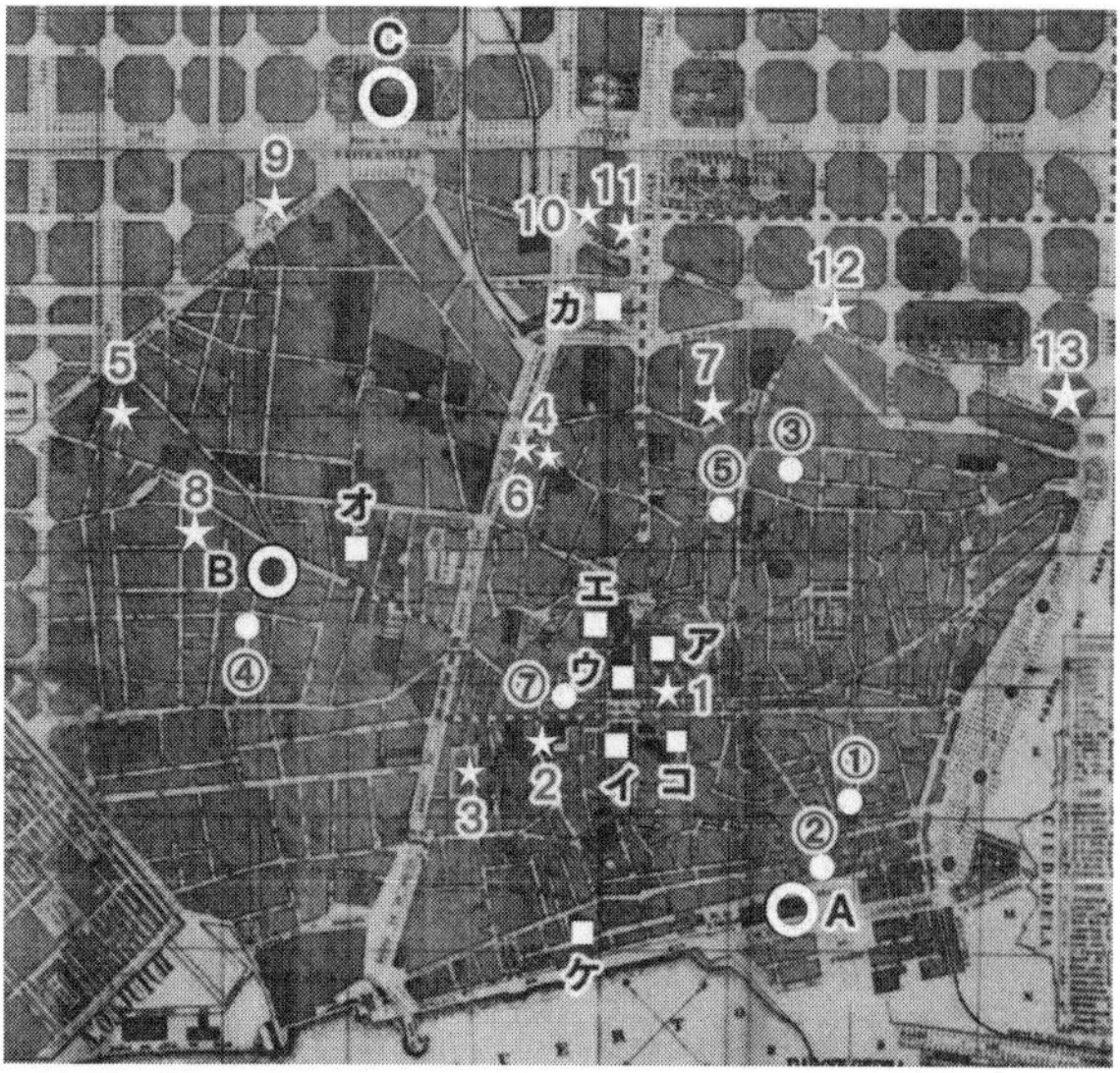

図7　バルセロナ、1860年代の都市

盤の目状の整然とした街区が一八六〇年に計画が認可された拡張部です。この拡張部は都市防衛の必要から大砲の届く範囲（城壁から一・二km）での建設が禁止されていたため野原の状態でした。ですので、ガウディがバルセロナで勉学を始めた六〇年代末は、拡張部はほとんど未着工の野原状態でした。したがって、学生時代から建築家としてデビューして間もない一八八〇年代初頭まではガウディの生活圏はこの半径約一kmに収まる旧市街にあったと言えるでしょう。

図のAはバルセロナ商業の拠点「リョッジャ」（商取引所）であり、同所に美術学校と建築学校が開校されていました。①〜③は一八六九〜七一年のガウディの下宿先。Bは建築学校予科を履修したバルセロナ大学科学学部で、④は一八七二年の下宿。いずれも学校のすぐそばです。そして、Cは新築のバルセロナ大学で、ここに建築学校も移設されます。⑤に兄フランセスクのマンションがあり、ガウディも一八七三年から兄が他界し、レウスの家族が移住する七六年まで同居したに違いありません。⑦は一八七八年、建築家になったガウディが名刺に印刷した住所、卒業後の最初の個人事務所です。すぐ近くに県庁（ウ）、市役所（イ）、そしてゴシックの大聖堂（ア）が見られるように、事務所は旧市街の中心に位置します。

　学生時代のバイト先のうち、フンサレー事務所は不明ですが、6と7が、大学教授のサラリャック事務所とサグラダ・ファミリア聖堂初代建築家にもなるビリャール事務所、8が、ガウディの尊敬する建築家マルトゥレイ《マルトレール》の事務所です。9〜13は、当時もっとも活躍したその他の建築学校の教授とガウディの同僚の事務所です。ただし、これらの事務所は建築家名簿に記載された住所ですので、自宅のみの可能性もありますが、そうであったとしても、その近くに事務所を持っていたことでしょう。5が、学生時代から建築装飾の制作で頻繁に出入りするプンティ工房、2は、その工房に通うことで知り合ったと想定されているクメーリャ《コメーリャ》革手袋店で、そのパリ万博用ショーケースをデザインしたことでパトロンのグエル《グエイ》と出会うことになります。1と4は、新進の建築家ガウディが文化活動の場として選び、役員をも務めるカタルーニャ主義科学的探訪協会とバルセロナ文芸協会《アテネオ・バルセロネス》です。また、当時の血気盛んな若きインテリたちが集い、議論を交わしたというカフェ・パライ《ペラーヨ》は、拡張地区新市街の中心となるカタルーニャ広場（カ）角の旧市街側入り口にありました。

一八八三年、サグラダ・ファミリア聖堂の建築家に就任し、事務所をこの現場に移すまで、ガウディがこの狭い旧市街内で活動していたことを考えると、仲間との接触は否応なしに多くなり、町を歩けば、皆知り合いというスペインならではの生活習慣が推測されます。事実、当時のガウディはエレガントに装い、美酒美食を愛し、葉巻をたしなみ、オペラの常連で、上流階級の催しに参加していたと言われています。このガウディが物乞いに間違えられる服装になり、粗食を好むようになるのですから、人の一生は資質だけで決まってはいないことは明らかでしょう。

文化の復興を求めるカタルーニャ

近年、スペインからの分離・独立で世界のニュースを時折賑《にぎ》わせているのがこのカタルーニャ州です。既に述べたように、中世のアラゴンとの連合王国として、カタルーニャは黄金時代を謳歌しました。しかし、近世に入り、スペインが黄金時代を迎えるのに対し、同じ王国内でも、カタルーニャは衰退します。主な原因は人口の激減と交易の中心が地中海から大西洋に移ったことにあります。新大陸との交易に参加したカタルーニャ人たちもいたのですが、衰退の原因は中央政府がカタルーニャを新大陸との交易から除外したからだと考え、後世の中央政府に対する反感のひとつとなります。さらに悪いことに、一八世紀初頭のスペイン継承戦争で王位がハプスブルク家からブルボン家に移りますが、カタルーニャはこれに反対して対立候補を王位に迎えます。その結果、バルセロナ守備隊とフランス軍の支援を受けた国王軍との戦いとなり、バルセロナ包囲戦で同市は陥落します。一七一四年九月一一日のことです。新王権はカタルーニャ語の教育と公用語としての使用を禁止します。ガウディもスペイン語での教育を受け、大学卒業後も自らの覚書すらスペイン語で書いています。このことがカタルーニャのさらなる反発を生みます。

一九世紀後半、経済復興を果たし第二の黄金時代を迎えたカタルーニャは、言語を含めた文化の復興へと向かいます。例えば、一八七六年創設のガウディも所属した「カタルーニャ主義科学的探訪協会」はカタルーニャの遺産を発掘・研究し、地域の由緒来歴を明らかにすることを目指しました。これにより、地域の独自性、すなわち自らのアイデンティティーを明らかにし、世界に対しカタルーニャの存在を揺るぎないものにできると考えたからです。人が自らの存在をこの世に認めさせたいように、カタルーニャという地域も無名のまま埋没するのでなく、その存在が歴史に刻まれることを願ったのです。実は、この流れも「歴史」の時代一九世紀の趨勢にのるもので、国や地域の歴史研究からナショナリズムや地方(地域)主義に導かれた典型と言えます。

地域を第一に考える地方主義のカタルーニャ主義は一八八〇年の第一回カタルーニャ主義会議の開催で運動として動き出します。この会議に建築家を代表してガウディとそのライバルとも目されるドゥメナク《ドメネク》・イ・ムンタネー《モンタネール》も参加しています。この運動に歩調を合わせ、景気後退期の八七年、保護貿易主義の圧力団体として政治色の強い「カタルーニャ連盟」が結成され、九二年には、こうしたカタルーニャ主義諸団体を結集した政治グループ「カタルーニャ主義連合」が組織されます。この第一回総会で地方自治を政治目標とする「マンレーザ綱領」が採択されます。そして、一九〇一年の総選挙で勝利したカタルーニャ主義の四政党は「地方主義連盟」に統合し、一九一二年、「マンクムニタート」(カタルーニャ地方議会) 創設を決定し、一九一四年にその議会を実現します。ただし、地方自治に不可欠な独自財源や立法権などは認められませんでした。

この一連の政治活動で議長として重要な役割を担ったのが当時の建築界を代表するドゥメナクとプッチ・イ・カダファルクです。ガウディはカタルーニャ主義政党の機関誌を愛読し、そうした政党主催の集会に参加していますし、一九〇五年の総選挙では「地方主義連盟」の候補者名簿に記載される報道もなされています。同年、公文書でのカタルーニャ語禁止のなか、ガウディは同言語での申請書を市に提出した最初の一人として報道されます。サグラダ・ファミリアを訪問したスペイン国王 (一九〇四) や同王子た

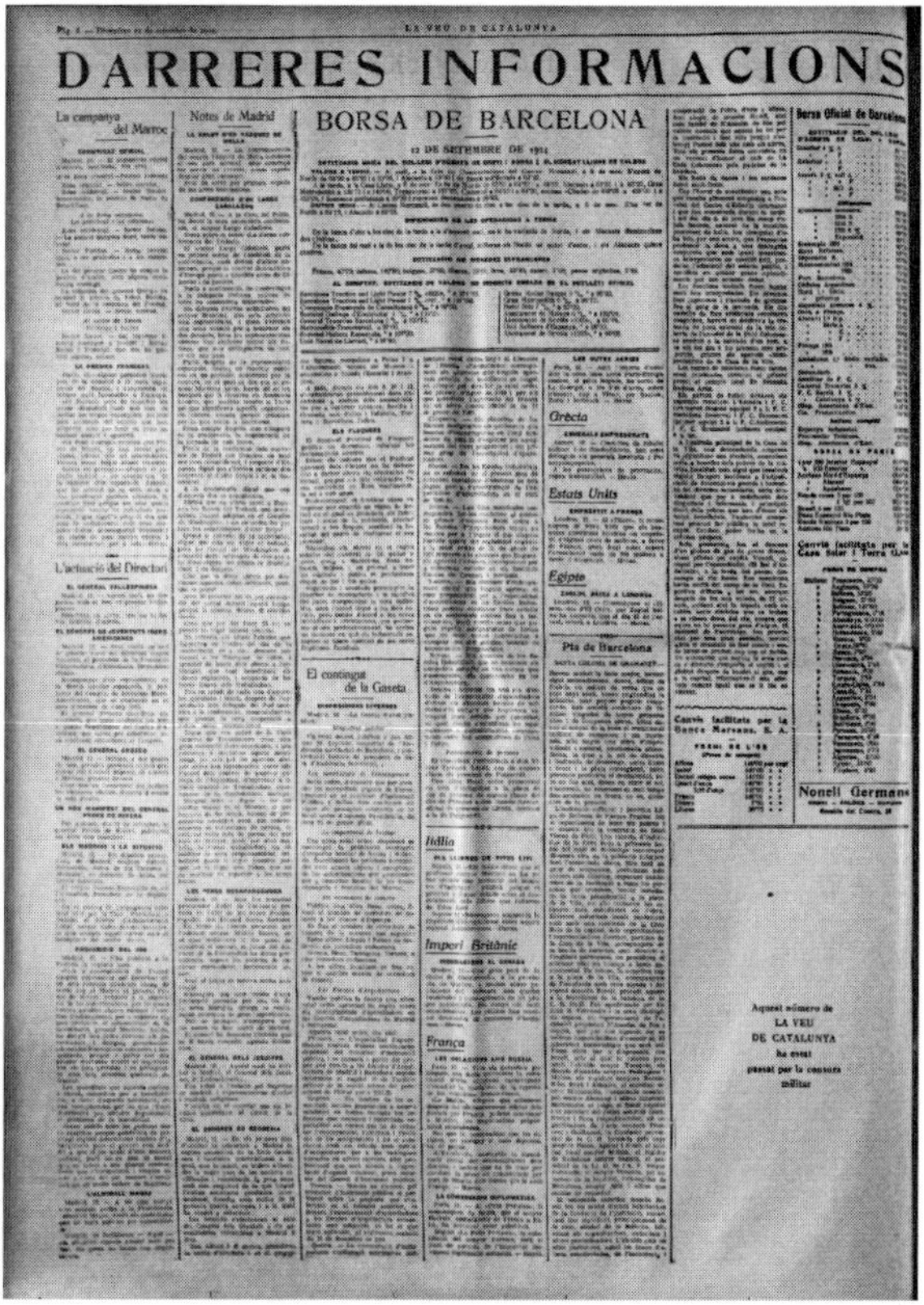

LA VEU DE CATALUNYA

DARRERES INFORMACIONS

La campanya del Marroc

Notes de Madrid

BORSA DE BARCELONA

12 DE SETEMBRE DE 1924

El contingut de la Gaseta

L'actuació del Directori

Grècia

Estats Units

Egipte

Itàlia

Imperi Britànic

França

Pts de Barcelona

Borsa Oficial de Barcelona

Nonell Germans

Aquest número de
LA VEU
DE CATALUNYA
ha estat
passat per la censura
militar

図8　日刊紙『カタルーニャの声』1924年9月12日、ガウディの愛読紙。右下の空白部分「軍部検閲」により掲載禁止にされたガウディ拘束の記事掲載部

ち（一九〇八）にカタルーニャ語で話し続けたことはよく知られていますし、一九二四年のディアーダ（九月一一日、カタルーニャの日、一七一四年の包囲戦でバルセロナが陥落した負の記念日）の記念ミサに参列する際、教会堂入口を取り締まっていた警官の質問にカタルーニャ語で押し通したため四時間留置されたのは有名です。その翌日の新聞（図8）では軍の検閲でガウディ（図9）の拘束記事が掲載禁止となり、その欄が白紙、もしくは読めない模様になって発刊されています。

この時代のカタルーニャ主義は、スペインからの分離・独立を唱えるグループもいましたが、大多数は大スペインを前提としての地方自治を目指すものでした。なぜなら、産業革命を導入して繁栄したとはいえ、イギリスやフランスなどと比べれば、カタルーニャの後進性は否定できないからです。すなわち、その繁栄はスペインの市場があって初めて成立するのです。だからこそ、自由貿易ではなく、保護貿易主義の圧力団体をカタルーニャは組織したのです。ガウディも「分離主義については激しく非難し、カンボー（「地方主義連盟」創設者・党首）が提唱する地方主義理念と大スペインを熱狂的に支持」したように、大スペインを前提としていますし、パトロンの大産業資本家のグエル

図9　警察署留置から9ケ月後のガウディ（72歳、他界する1年前）、サン・リュック美術協会の一員として聖体祭行列に参列（バルセロナ大聖堂前、1925年6月11日）

の父親は国会で保護防衛の急先鋒《きゅうせんぽう》として論陣を張っていたのです。

ところが、現在はEUの時代で、この圏内では関税の障壁はありません。スペイン最大の稼ぎ手、すなわち国庫財源の担い手はカタルーニャで、彼らの納める税金の多くは、他地域の財源に回っている現実があります。自らの稼ぎは、自らに還元したくもなります。一九世紀とは異なるこの現状が、カタルーニャの独立運動の支持者が州人口のほぼ半数に達しようとしている理由なのでしょう。

大学を卒業するまでは、公私を問わずスペイン語を使用していたガウディが、その後、カタルーニャ語に固執し、一九〇五年には禁止されていた同言語での公文書を申請するようにもなります。この例に見られるように、ガウディは自らをカタルーニャ化していったと言えるでしょう。そして、カタルーニャにふさわしく、その存在をスペインのみならず、世界に認めさせる建築を作り出すこと、これが、建築家ガウディの使命になったに違いありません。

第3章　できの悪い学生だったの？

一九一五年、六三歳のガウディは、大学では勉強のできない「悪い学生」であったと自らを回顧しています。この言葉を拠《よ》り所に、ガウディは「できの悪い学生」という通説が生まれます。しかし、若いころを卑下するのは老人によく見られる傾向でしょう。ただし、自分に満足できないことは、成長するための前提条件でしょうし、今の自分に満足できないから、次は満足できるようにと努力し、前進することも可能になります。「できの悪い学生」が優等生の達成できないような大業をなしたとしたら、実に爽快で拍手喝采ものでしょう。ガウディはそのように見られてきました。そうでないとしたら、面白くない、のでしょうか。

恵まれていたガウディ

スペイン初の教育制度は一八一二年に制定されたものの、直ぐに廃止され、今日に続く教育法は一八五七年の制定で、初等（六～九歳の三年間）、中等（一〇歳からの六年間）、そして高等（大学や高等学校など、専攻分野で就学年数は異なる）教育よりなります。初等は市町村、中等は県、大学は国の財政負担と規定されたものの、財源が得られず、制度通りには実現しませんでした。ガウディ五歳の時に制定された法律ですから、公立の初等教育を享受できるチャンスに恵まれました。しかし、レウス市立の教育機関は生まれず、バランゲーとパウラの私学でガウディは初等教育を学びます。建前は義務教育で学費不要のはずが、私学ですので、授業料が発生します。姉のロザは不明ですが、兄と弟の二人の授業料を支払う余裕がガウディ家にはあったことになります。

ガウディが初等教育を学んでいた一八六〇年、スペインの識字率は二五％にも達していません。この意味では初等教育を受けられることは、既に恵まれたことかも知れません。この時のレウスの人口は約二万七千人、六～九歳の就学可能人数はその約八％の二千二百人程度、各学年約五百五十人と推定されますので、私学の学校数は不明ですが、就学した生徒数はかなり限定されていたと推測されます。

当然ながら、レウスには公立の中等教育機関は存在しません。公立学校創設は一八七五年のことです。しかし、その設立に向けての努力は一部のレウス市民によりなされており、一八四四年に旧フランシスコ会修道院が国から市に譲渡され、五八年には貧困児教育を目的としたエスコラピアス修道会がその施設内で中等教育を始めます。この機関は私立学校であるにもかかわらず、六〇年に公立学校並みの資格が与えられ、七〇年まで存続します。一八六〇年と言えば、医学を修めた兄フランセスクが九歳、弟のアントニが八歳の時で、それぞれ翌年と翌々年に就学可能な年齢に達していました。

ガウディが学んでいた一八六〇年代、スペイン全国での中等教育生徒数は約二万七千人、したがって、平均すると各学年約四千人となります。これは同年代の就学可能人数約三二万人の一・二%ほどに過ぎません。建築家になるには建築学校で高等教育を履修しなければなりません。それ以外の方法、例えば国家試験などの方法で資格を取得することはできません。また、建築家の資格がなければ、公共建築や大建築の設計はできません。ですので、中等教育は高等教育に進学するための前提条件になります。しかし、当時のスペインでは中等教育生徒数は同年代の僅か一%強に過ぎず、しかも、教育法がガウディ五歳の一八五七年に制定され、八歳の六〇年にレウス初の公立並みの中等教育機関が機能し始めているのです。この建築家誕生に不可欠な教育の側面から見る限り、ガウディは家族に恵まれ、時代に恵まれていたことになります。個人的資質だけではどうすることもできない天命であったと言えるでしょう。

中等教育時代の成績

初等教育時代の成績は不明ですが、幼なじみのアドゥアル・トーダによれば、健康には問題がなかったようです。しかし、エスコラピアス学院への入学は一一歳の時で、法定年齢からは一歳遅れていることを考えると、前述したように、幼少期の健康に問題があったことは間違いないでしょう。

表1・2はガウディとトーダの成績表です。両者で履修科目が相違するのは必修科目と選択科目があるからです。「宗教・道徳」や「キリスト教教理・聖史」は教育法に基づく必修科目ではなく、ミッション学校のように修道会経営の学院という特殊事情によるものです。これ以外にもミサなどの宗教行事への参加も義務づけられています。生徒によっては苦痛の行事になりました。カスティーリャ語はスペイン語のことで、禁止さ

れているカタルーニャ語の授業はありません。

六月の年度末試験、これに落ちると、夏休み明けの九月に追試験があります。成績は「優」、「良」、「良＝普通」、「普通」、「合格」の五段階評価です。科目により異なりますが、成績の平均は「良＝普通」と「普通」の間あたりです。したがって、ガウディは二学年までは普通以下の成績、三学年以降は普通以上の生徒と言えるでしょう。トーダ

レウス市エスコラピアス学院	
1学年:1863-64（11-12歳）	
ラテン語・カスティーリャ語Ⅰ	（6月）普通
キリスト教教理・聖史	（6月）普通
算数、原理と演習	（6月）不可　（9月）不可
2学年:1864-65（12-13歳）	
ラテン語・カスティーリャ語Ⅱ	（6月）普通
地理・スペイン史	（6月）不可　（9月）普通
修辞学・詩学	（6月）不可
3学年:1865-66（13-14歳）	
ギリシア語Ⅰ	（6月）良
幾何、原理と演習	（6月）優
算数、原理と演習	（6月）良
4学年:1866-67（14-15歳）	
心理学	（6月）良
地理・スペイン史	（6月）良
宗教・道徳Ⅱ	（6月）良一普通
修辞学・詩学	（6月）良
5学年:1867-68（15-16歳）	
数学	（6月）良
キリスト教教理・聖史	（6月）合格

バルセロナ中等教育公立学校	
6学年:1868-69（16-17歳）自由学生	
博物学	合格
物理・化学	合格

表１　中等教育、ガウディの学業成績

レウス市エスコラピアス学院	
1学年:1864-65	
宗教・道徳Ⅰ	優
ラテン語・カスティーリャ語Ⅰ	優
算数、原理と演習	良一普通
2学年:1865-66	
地理学の基礎	優
ラテン語・カスティーリャ語Ⅱ	優
幾何、原理と演習	良一普通
3学年:1866-67	
修辞学・詩学	優
宗教・道徳Ⅱ	良一普通
4学年:1867-68	
心理学	優
地理・世界史	優
数学	優
キリスト教教理・聖史	合格
5学年:1868-69	
論理・倫理	合格
スペイン史	合格
博物学	合格
生理・衛生	合格
物理・化学	合格

表２　中等教育、トーダの学業成績

は明らかに優等生です。一八六五年二月、一〇歳になってから入学試験を受けていますが、「飛び級」的な九歳入学に等しい特別の扱いになっています。

先に述べたレウス出身のプリム将軍が関わった六八年の九月革命で社会情勢は一変します。血気盛んな子供たちが動揺してもおかしくありませんし、学院の授業も非常時の特別な形態になったことでしょう。トーダの最終学年の成績はこの異常事態を反映しています。革命は九月一九日に勃発していますから、九月の追試験は中止になったに違いなく、この結果、ガウディの最終学年の科目数が少なくなっているのでしょう。この革命後の最初の学年期にガウディはバルセロナに行き、入学する必要なく自由に科目を履修できる自由学生として、中等教育修了に必要な不足科目を履修しています。後述するように、これは建築学校への進学を目的とするものでした。また、バルセロナで履修できたのは、一八六五年の鉄道開通でレウスからの往来が容易になっていたからです。

同一科目でⅠとⅡがある場合、前者を先に履修するという条件は推測できますが、全科目が毎年開講されたわけでもないので、その他は学年次に関係なく自由に履修できたようです。その結果、科目が必修か選択かによっても変化しますが、受講生数は科目によりかなり異なります。

例えば、ガウディもトーダも出席した「宗教・道徳Ⅱ」は四五名。恐らく、学院の必修で、前年度は開講されなかった科目なのでしょう。ガウディが受講した「算数、原理と演習」も四五名と多く、逆に少人数のクラスでは「世界史」の二名や「フランス語」の一名があります。多くの科目は二〇名前後です、各科目の「優」の数は一割程度で一〜三名です。したがって、トーダは文句なしの優等生ですが、ガウディは三・四年次に成績は向上したとは言え、決して優等生ではなく、二番手・三番手の生徒であったに過ぎません。ただし、唯一の「優」が「幾何」であったことは注目に値しますし、先述したように、建築家への道に進むことになる重要な要因でしょう。

中等教育時代の学友

トーダとガウディの年齢差は二歳半、一学年違いですが、一八六六〜六七学年期の授業「宗教・道徳Ⅱ」と「修辞学・詩学」では同席しています。既に何度か引用してきましたが、レウス時代の情報は専らこのトーダの新聞記事やインタビューなどに負います。

この優等生トーダは、一八七〇年一〇月、一五歳でマドリード大学法学部に入学します。それからわずか三年後の一八歳で民法と教会法の学士号を取得して卒業。翌年、外交官試験に合格し、七六年からはマカオ、香港、広州、上海の副領事として中国に赴任。中国各地のみならず、スペインの植民地であったフィリピンや日本まで旅行し、骨董品《こっとうひん》、特に古銭を収集し、その歴史を研究します。この貴重な古銭コレクションは後にマドリードの国立考古学博物館の所蔵となり、収集した骨董品の一部はガウディの口利きでグエル《グエイ》に売却されてもいます。八四年からはカイロの領事としてエジプトに赴任。そこでは神殿の発掘調査に参加したり、ミイラを含む歴史的遺品を収集したり、さらにはバルセロナ出身の政府密使バディア（アラブ名アリ・ベイでモロッコのスペインへの併合に暗躍する）に関する資料を発掘し、その研究にも没頭します。このアリ・ベイ図版からサグラダ・ファミリア聖堂の原案が着想されます。エジプトの収集品も考古学博物館などに買い取られます。その後、ヘルシンキ、グラスゴー、ル・アーヴルなどの領事を歴任し、一九〇一年に辞任、外交官人生を終え、起業し、船舶会社にもかかわります。ガウディの死後からは少年時代にガウディとともに夢見た世界遺産プブレー《ポブレート》修道院（一二世紀）の修復に尽力します。
この修復に関するトーダ宛のガウディの手紙が残されています。

エドゥアルド《アドゥアル》・トーダ様
親愛なる友
君に手紙を書かなかったことを不思議に思わないでもらいたい。ご推察の通り、君に語ることが何もなかったからだが、今手紙を書いているのはリベーラがどうなったかを君に答えてもらうためだし、また君がわれわれの計画について彼に連絡したかを知るためなのだ。僕の望むところではないが、彼の方で興味がなくなったかも知れないね。
（中略）
兄からよろしくということです。君の友人より。
アントニ《アントニ》オ・ガウディ
レウス、一八七〇年一一月二六日

追伸：学生たちのことについて書いてください。

この手紙は既に大学に入学したマドリードのトーダに送られたもので、兄フランセスクとも親しく、同郷人の仲の良さがうかがい知れます。まだスペイン語で書かれていますので、同発音でのカタカナ表記にしています。トーダによれば、「計画」とはプブレー修道院修復計画を指し、七〇年七〜八月に作成されています。これはガウディとリベーラとの共作だとトーダは言いますが、実際はトーダ一人で作成しています。

ジュゼップ・リベーラはプブレー修道院近くからの転校生で、ガウディと同年齢で六七年から六九年にかけて同じ学院で学んでいます。三人は先生たちから「良い生徒」たちと評価される仲良しトリオとなり、手書きの小雑誌『道化』（図10）を作ったり、演劇を開催したり、郊外に散策に出かけたりします。リベーラが散文や詩作を好む文学少年であったのに対し、ガウディは文章嫌いで決して舞台に立とうとはせず、雑誌の挿絵や舞台装飾を担当しています。ここでも手の器用な職人気質《かたぎ》が認められます。郊外の散策では、ロマン主義の風潮に乗ったトーダとリベーラが情緒ある自然を好んだのに対し、

図10　トーダ、リベーラ、及びガウディ：手書き週刊誌『道化』第7号1868年1月17日（CSIC所蔵）

ガウディは古代ローマの窯跡や水道橋などの遺跡探索が好きでした。後に、古代ローマの窯の内壁石材が焼きとろけて金属光沢を放っているのを発見し、それをグエル館の中央塔被覆材（図11）に使っていますが、子供のころから遺跡探索が好きであった結果なのでしょう。

このリベーラからプブレー修道院が悲惨な廃墟《はいきょ》状態であると知らされたことが、修復計画のきっかけでした。また、この修道院はガウディの作品に極めて重要な影響をもたらします。

リベーラはレウスから南部アルメリアに転校し、前掲の手紙が書かれる二ケ月前の九月に中等教育を修了。そして、七六年にグラナダ大学医学部を卒業し、翌年に博士号取得、ガウディが建築学校を卒業する七八年、マドリードのニーニョ・ヘスス病院の外科医に就任（後に院長）、八八年からはマドリード大学医学部教授を併任し、スペインでの小児外科を創始します。

トーダとリベーラという友人たちの存在は、ガウディにとっては大きな刺激になったことでしょう。

図11　左はグエル館屋上の中央塔。右は中央塔下部の拡大。金属光沢の石片被覆（ガウディ、バルセロナ、1886-90）

バルセロナ建築学校

一八六〇年代までバルセロナには建築学校はなく、建築家を志望するのであれば、首都マドリードに行くしかありません。しかし、人口が急増し、都市の拡張が決定していたバルセロナでは、建築家不足は深刻な問題になっていました。例えば一八六五年の場合、マドリードの人口約三〇万に対し建築家数一一五名、バルセロナは二四万に対し二二名に過ぎません。旧体制の変革を目指した六八年の九月革命に乗じ、バルセロナ美術アカデミーは建築学校の新設を申請し、それは、翌年、県立工科学校に増設され実現します。七一年には、建築学校が独立するものの、建築家の資格認定はマドリード建築学校にあり、独自での認定はできません。これが可能になるのが七五年、名実ともにバルセロナ建築学校が独立します。その結果、七六年に一期生三名、七七年に九名、七八年にガウディを含む四名の建築家が誕生することになります。

ガウディは、六九年九月、建築学校増設の翌日、建築家を志望し、建築学校予科コースに指定されている科目の履修登録をバルセロナ大学に申請しているのです。正に時代

分類	科目	定期試験	臨時試験	学年期
入学試験	製図		合格	1873-74
	デッサン		合格	1873-74
予科	石膏デッサン		合格	1873-74
	建築詳細（図）		合格	1873-74
	陰影と透視図	合格		1874-75
第１群	切石術	合格		1874-75
	応用力学		合格	1874-75
	建築材料	合格		1875-76
	建築史	合格		1875-76
	（建築）一般図		合格	1873-74
第２群	施工	良		1875-76
	一般芸術論	合格		1875-76
	水利学	合格		1874-75
	建築設計Ⅰ		優	1874-75
第３群	機械と原動機	合格		1874-75
	公共建築（学）	合格		1875-76
	技術	合格		1876-77
	建築設計Ⅱ		良	1875-76
第４群	建築への物理学応用	合格		1876-77
	合法建築	合格		1876-77
	測量	合格		1875-76
	建築設計Ⅲ	良		1876-77
資格試験	スケッチ	合格	1877.10.22	
	最終案	合格	1878.01.04	

表3　県立建築学校、ガウディの学業成績

環境がガウディに建築家への道を決定させたと言えるでしょう。だからと言って、容易に建築家になれるわけではありません。当時の教育法では、建築学課程は三年の予科と四年の本科よりなる七年制です。バルセロナの場合、予科を大学の科学学部で学び、本科は建築学校で履修します。

表3は建築学校でのガウディの成績表です。最後の資格試験は建築学課程修了後の国家試験に相当しますので、これを除くと卒業に八年を要していますから、規定より一年オーバーしています。ただし、七一〜七二学年期は履修登録していませんので、実質は規定通り七年になります。しかし、建築製図と建築設計Ⅰ・Ⅱ・Ⅲを除くと、ほとんどが規定外の学年期での履修です。理由は履修登録しても合格せず、次年度に再履修、もしくは再々履修しているケースが多々あるからです。今日の日本の大学生から見れば、実に「できの悪い学生」と評価されても仕方ありません。しかし、国が変わり、時代が変われば、一概にそうとは言えません。スペインの建築学部は現在ですら、容易には卒業できません。

ガウディの成績を評価するには、当時の建築学校をつぶさに見る必要があります。建築学校に独立した七一年からガウディの最終学年に当たる七六年までの学年別の履修登録者数の平均は一五名程度に過ぎません。しかも、卒業できるのは登録者数の三分の一の五名程度、八〇年代前半は年平均二名に過ぎないのです。ですので、建築家の資格を獲得できただけで、既に「できの悪い学生」であったとは言い難いのです。

建築学校の成績は「優」、「良」、「合格」の三段階評価です。ガウディの場合、全一二科目中、「優」と「良」が各二科目、残りの八科目が「合格」になります。今日の日本の大学生から見れば、決して芳しい成績とは言えません。しかし、他の学生と比較すると面白い結果が得られます。七四〜七五年度の定期試験（七五年六月）では全一二科目の受験者数三七名中「不合格」一〇名、「合格」二五名、「良」二名、「優」ゼロ、臨時試験（同年九月）では、受験者数二四名中「不合格」一二名、「合格」一一名、「良」ゼロ、「優」一名でした。すなわち、定期試験と臨時試験を合わせた受験者の半分以上が不合格、一人の「優」と二人の「良」のみで残りは「合格」に過ぎなかったのです。しかも、ガウディがこの「優」の一人なのです。「優」の少なさはこの建築学校の特色で、二〇世紀に入っても変わらず、一九〇四〜一〇年の七年間を平均すると、受講生一四〇人に一人しか「優」は出ていません。だとすれば、建築学コースでは総合科目になる「建築設計」で二つの「優」と一つの「良」を取っているガウディは優等生であったと評価すべきでしょう。にもかかわらず、晩年のガウディは自分を勉強のできなかった学生と回顧しているのです。完璧を理想とする絶対評価からすれば、その通りですし、相対評価では満足できないからこそ、より偉大なものへと自分を作り上げることができたのでしょう。ここに天才を開花させる秘密があるのかもしれません。

第4章　建築事務所でバイトをしながら学ぶ

高まる建築需要

前章で述べたように、一八六五年、マドリードの人口約三〇万に建築家数は一一五名に対し、バルセロナは二四万に二二名を数えるに過ぎませんでした。しかも、後者の半数以上の一三名は教授職や市や県の建築家として公職にあり、これでは民間の建築需要に応えることができません。建築学校の新設でこの状況は大きく変わり始めます。ガウディが建築家になる一年前の七七年には建築家数は倍増して四四名になりますが、その半数の二二名は公職に就いていますので、まだ建築家不足は解消されていません。しかし、一九〇〇年には、人口五三万強に対し五倍の一一〇名に増えます。人口も建築家数もマドリードに遜色のない数字になります。この間、新設の建築学校は一五二名の建築家を輩出しており、ほとんどがカタルーニャに留まり、三分の二はバルセロナで活躍します。

補足しておきますと、日本の「大工」に相当するスペインの職種に「工匠」がありま す。工匠は公的な建築や記念碑的な建築以外の民間建築なら、設計も工事監理もできます。バルセロナは予想される建築需要に対し短期養成が可能な工匠学校を一八五〇年に創設し、新設の建築学校に発展的解消する七〇年まで存続します。この結果、バルセロナの工匠数は、一八五二年の一九名から一〇〇名近くまで増えます。例えば、一九〇三年の時点では、建築家数約一三〇名に対し、現役の工匠は八七名を数えます。

一八六〇年にバルセロナ市拡張計画案（図12）が承認されて以来、一九〇〇年までの四〇年間で建設された拡張地区の建築戸数は三七五一棟、年平均すると、九四棟です。そのほとんどが高さ制限二二mの五階建てビルであり、一階に店舗や事務所、オーナービルの場合なら、二階がその住宅、三～五階が賃貸マンションになるのが一般的です。多くは投資目的の賃貸マンションです。これに、旧市街区の小規模ビルが年平均四四棟と、一八九七年にバルセロナに合併する周辺地区の年平均二八三棟が追加されます。この後者の多くは戸建て住宅で、小規模の建築になります。すべてを合算すると、年間四二一棟の建築需要となり、建築家がいかに必要であったかが分かります。二〇世紀に入

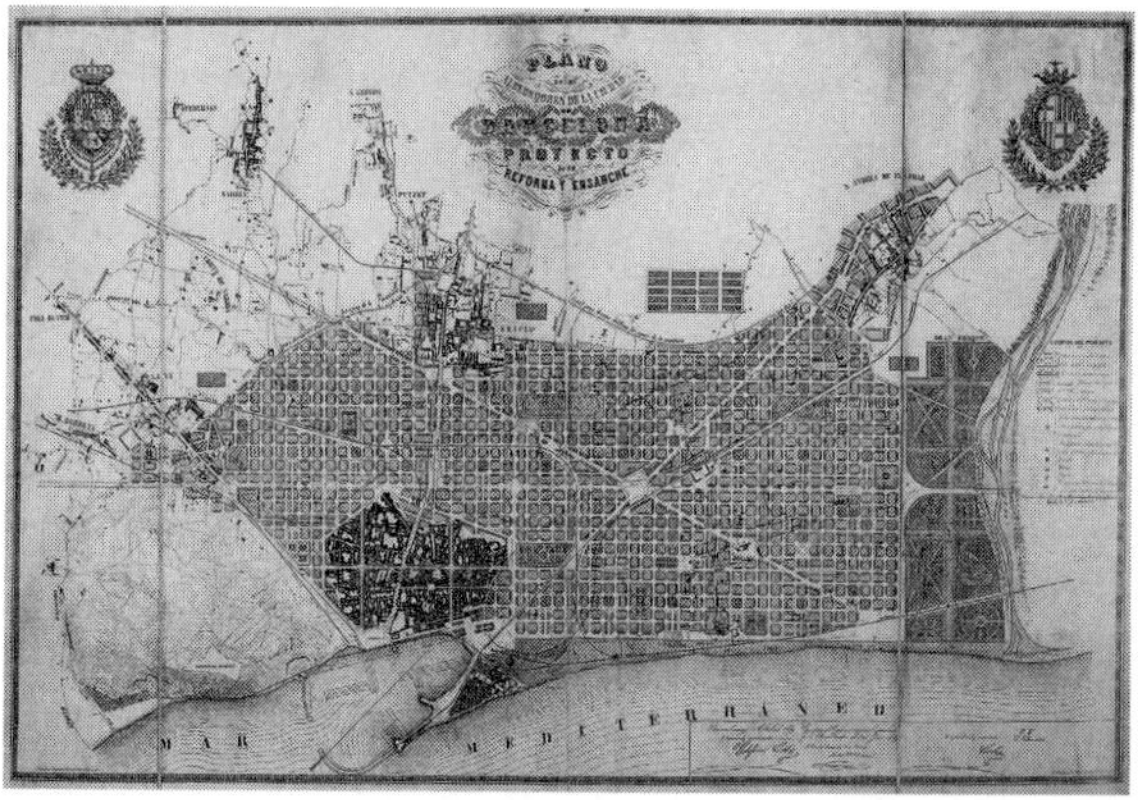

図12　バルセロナ拡張計画案（イルデフォンス・セルダー、1859）

ってもバルセロナの人口は増え続けますので、建設需要はさらに高くなっていきます。

新設のバルセロナ建築学校には、当然ながらアカデミックな伝統はありません。逆に言えば、すべてが白紙状態で、しがらみも何の拘束もなく、新生の建築家たちには、自由に建築デザインできる環境が用意されていたのです。あらゆる意味でゼロからの出発です。例えば、カタルーニャの文化的再興を担うバルセロナ文芸協会《アテネオ・バルセロネス》が一八六〇年、カタルーニャ建築家協会が七四年、カタルーニャ主義科学的探訪協会が七六年の創設です。新鋭の建築家たちも、復興した地元の存在を世界に認めさせようとするカタルーニャ主義の気概を持ち、大量の建築需要に応えていきます。拡張地区は、聖堂や宮殿のような由緒来歴のある歴史的建造物も遺跡もない平坦地《へいたん》に過ぎず、土地価格は旧市街からの距離で決まるだけで、投機目的の賃貸マンションの場合、家賃を高くしたければ、建築的価値を高めるしかありません。こうした状況下の一八八〇年代から一九二〇年代にかけて、ガウディ建築を含む華やかな一連の建築群が出現します。これをムダルニズマ《モデルニスモ》建築と呼びます。ガウディ建築の存在がこの建築をより一層注目させる要因になっていますが、工匠たちは実務的で、この建築運動にはほとんど寄与していません。

実践して学ぶアルバイト

ゼロからの出発とは書きましたが、人は過去に学び、参照することでしか創作できません。晩年のガウディはこう言います。

「芸術に師はない、唯一の師は自分自身である。あるのは芸術を学ぶ方法である。それ故、養成機関は作品による直接の範例、あるいは（雑誌などの）再生による範例やその知識を提供できるよう努める」

しかし、これには危険のあることを指摘します。すなわち、雑誌などの図版解説を読むだけで満足し、範例の図版から直に学ばないという危険です。造形芸術の巨匠にとって、過去の範例がいかに重要であったかは、次の回顧録からも明らかでしょう。

「ギリシア・ローマやラテンやビザンティン芸術の初めての写真集が（建築学校の）図書館に届いたとき、私の情熱は燃えるばかりで、何時間も何時間も図書館に残り、素晴らしい写真集を観察し、比較しながら我を忘れることがしばしばであった。それまでは余り忠実でない図版を苦々しく見ながら勉強しなければならなかったのだ。その時は天が開かれる思いだった」

勉強のできない学生と述懐するガウディですが、作品から学べという晩年に主張する最善の勉強方法で学んでいたことになります。極論すれば、先生方の講義より、実物を見ろという主張です。最終学年に在籍していた一八七六年、アルハンブラ宮殿を中心に一一五枚のスペインの歴史建築の写真集を高額の二二八ペセタ（この時のアルバイト先の給与が六〇ペセタ）で購入しようとしたことも、過去の範例に学ぶことの証左になります。「作品に学ぶ」意味では、古建築を訪問したり、建設中の優れた作品を見学したりして実際の作品に学ぶことが最善になります。当時の建築学校の規定では、夏季休暇を利用し、建設現場での実習と建築モニュメントへの訪問が義務付けられていました。この規定が実行されたという情報はありませんが、生計のために複数の建築事務所でアルバイトをしながら、実作品で学ぶという最善の方法を取っていたことは間違いありません。

一八七六年七月に兄が、九月に母が相次いで他界すると、父と生まれたばかりの姪《めい》の三人はバルセロナに移住し、ガウディとの生活を始めます。同年一一月二五日の日記に「この窮状からの脱出に、多くの仕事をしなければならない」と記したのは、こうした事情があったからでしょう。このガウディ日記は同月二一日から翌七七年一月六日までの一日一行程度のメモに近いものですが、当時のアルバイトの状況が明らかになります。

当時のガウディは四つの事務所を掛持ちしています。パドロス・ブラス《ボラス》事務所では路面電車の路線を描く図面工の仕事ですので、純粋に生計のためのアルバイトでしょう。地縁絡みで働く機会を得たフンサレー《フォントセレー》事務所では、シウタデーリャ公園の仕事に関わります。国際コンペで獲得した作品ですが、ジュゼップ・フンサレーが公共建築に携わることのできない工匠であったため、建築家側からクレームが付き、大問題になった物件

図13　シウタデーリャ公園、落水館中央部（フンサレー、バルセロナ、1875-81）

図14　シウタデーリャ公園、アリバウ広場欄干（ガウディ、バルセロナ、1876-80？）

です。公園のメイン施設である「滝・落水館」（図13）、アリバウ広場を区画する石造欄干（図14）、公園全周を取り囲む鉄柵と同材料のゲート、鉄骨構造の貯水槽（図15）などに携わります。七六年にデザインされた鉄柵とゲートは、完成した八〇年にガウディ作として雑誌に掲載（図2）されます。フンサレーに典型的なクラシック調の「滝・落水館」はマルセーユの類似建築を参照したもので、一昔前の極めてアカデミックなデザインです。この建築装飾彫像の台座に「A. ガウディ」と刻ませ、この作品に関わったことを秘密裏に記録しているのです。建築装飾を担当した彫刻家ジュアン・フルタトスの助手で、後にガウディの女房役となるリュレンス《ロレンソ》・マタマラもこの作品に関わっています。「滝・落水館」の内部は将来のガウディ造形につながる人工洞窟（図16）になっており、滝つぼの洞窟の中にいるかのように、滝から落ちる落水のしぶきを浴びながら、その様子が眺められるものでした。

　人工的な滝ですから、大容積の貯水槽が必要です。その鉄骨造貯水槽の構造計算がガウディに託されます。しかし、フンサレーは未経験の若者の計算に不安を抱き、スペインのエッフェルと呼ばれた力学の教授ジュアン・トーラスにその計算を見せます。教授

図 15　シウタデーリャ公園、鉄骨造貯水槽（ガウディ、1876-80？）

図 16　シウタデーリャ公園、落水館内部の人工洞窟（雑誌掲載図版 1888 年 10 月 13 日）

は計算に問題はないと判断し、担当者の名をたずねます。教授はガウディとの面識はなかったものの、名前だけは履修者名簿で知っていました。トーラス教授はその計算から「応用力学」の試験を合格させるつもりでしたが、ガウディが学年末試験に現れなかったため、フンサレーにその旨を伝えます。しかし、教授の真意がわからず、追試験にも出席しません。トーラスの意向を理解したガウディは次回の試験に出席するものの、三人からなる試験の担当教授の一人から水利の問題が出され、ガウディは答えられません。すると、トーラスが一般物理の問題に切り替えてくれ、合格することができた、とガウディは述懐しています。

力学講座のトーラス教授は「応用力学」の試験のみならず「入学試験」、「フランス語翻訳」、「建築製図」、「建築設計」等でガウディの試験官を務めています。「応用力学」は一八七五年六月の試験で合格しますが、定期試験ではなく、特別申請の臨時試験でした。この「応用力学」は、一八七二〜七三学年期で履修登録され、翌七三〜七四学年期の九月追試験では「不合格」の成績でした。恐らく、この年の定期試験と前年度の試験には出席しなかったのでしょう。この事実からすると、ガウディの構造計算は七五年のことで、六月の定期試験を欠席し、同月の特別申請の臨時試験で合格したことになります、ガウディの追試験の話は、それ以前の履修結果と混同しているようです。

三つ目は同じく材料・施工講座の教授、かつバルセロナ市建築家のラアンドラ《レアンドロ》・サラリャック《セラリャック》の事務所で、ここでは会員制のクラブ施設の設計に関わります。ちなみに同教授の「施工」は七六年六月試験で「良」を取得、ただし、その前年度は履修登録のみで、試験にも出席しなかったようです。また、市の建築家は建築許可申請を審査する役割を担います。

四つ目も建築学校「合法建築（建築法規）」教授、後の校長、かつバルセロナ司教区建築家フランシスコ・デ・パウラ・ビリャールの事務所です。司教区建築家とは県全域の教会建築の増改築や新築で国への補助金申請が必要な場合に不可欠な法定職務です。この肩書を持っていたからこそ、後のサグラダ・ファミリア聖堂の初代建築家として無料報酬の申し出をしたのでしょう。日記によると、この時期は専らカタルーニャの聖山モンセラー《ムンサレー》（鋸山《のこぎりやま》）、その奇山の洞窟で九世紀に発見されたというカタルーニャの守護聖人「黒色のマリア像」（現在は一二世紀の木彫）をご本尊とする修道院聖堂の増築部、主祭壇衝立《ついたて》裏側の祭室「カマリン」の設計に携わります。聖堂本体の中世ロマネスク様式を参照し、ネオ・ロマネスクのデザインですが、内部は過剰装飾気味の自由に解釈されたロマネスクです。この内観デザイン（図17）がガウディに負うことは間違いないでしょう。日記はその日の行動記録を淡々と記したもので、批判めいた記述はほとんどないのですが、このカマリンの設計に関し、「ビリャールは自らの言葉から出る空虚さを埋めようと長々と話さざるを得なかった」とか、彼には「一つとして固まった考えがあるようには見えない」と批判しています。

ガウディは日記を書き始める一ケ月前の七六年一〇月と一一月、「建築設計Ⅱ」の優秀賞を獲得すべく試験を受けています。この賞には一等賞に五〇ペセタ、もしくは二等賞に二五ペセタのどちらかの賞金がでます。六月の学年末試験の「良」では、この賞への応募資格がありません。臨時試験を申請し、九〜一〇月の「県庁のパティオ」（図18）を課題とした試験では、中庭に鉄骨造大屋根を架け、全壁面を総ガラス張りとするトップライトにし、パティオを明るく開放的、かつ豪勢な内部空間を作り、「優」を獲得して応募可能になります。テーマは「桟橋」で、クロッキーではクラシック調の採光塔《ランタン》を

図 17　モンセラー修道院付属聖堂、主祭壇裏の祭室「カマリン」（ビリャール、バルセロナ県、1876-87）

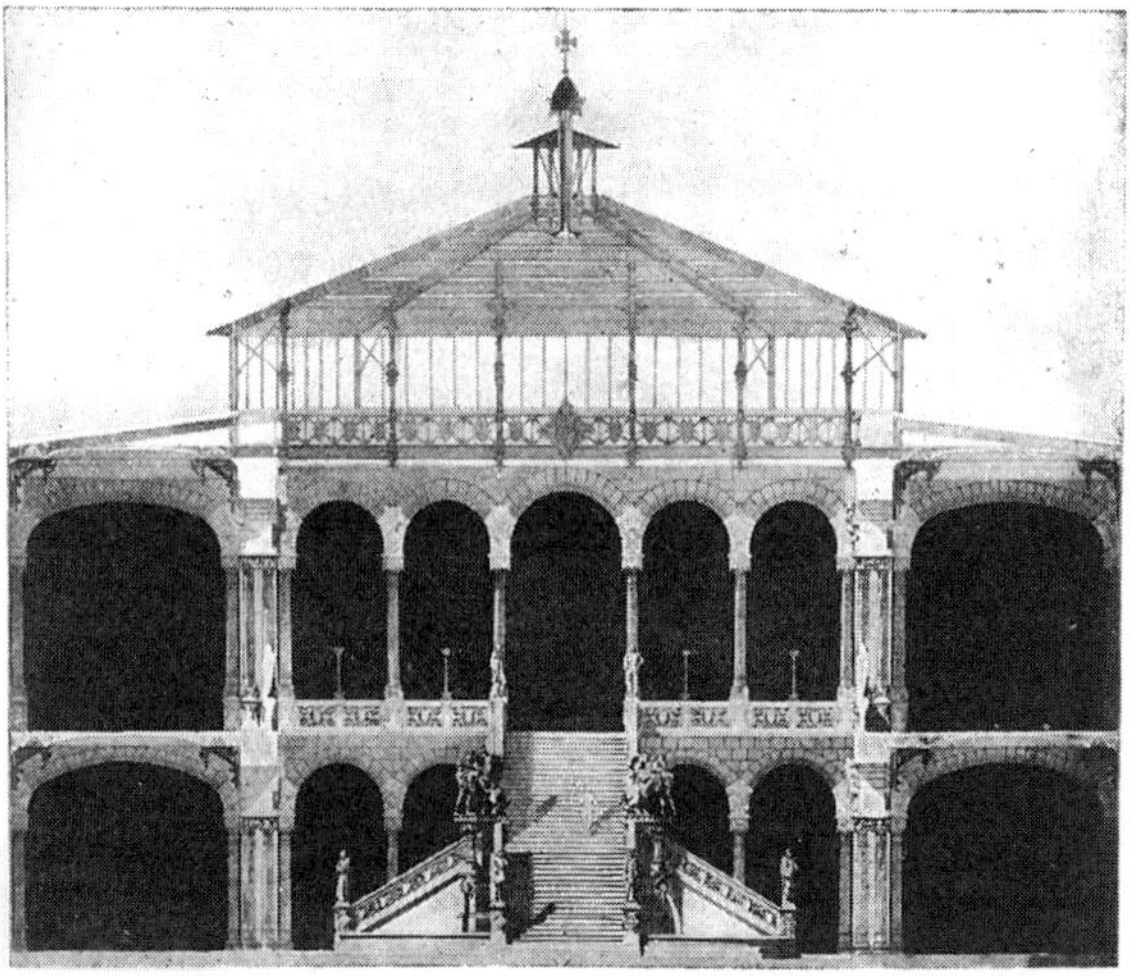

図 18　建築学校「建築設計Ⅱ」課題設計「県庁のパティオ」（ガウディ、1876 年 9 月）

図19　建築学校「建築設計Ⅱ」優秀賞応募作品「桟橋」最終案
（ガウディ、1876年11月）

頂くドーム建築のパビリオンとし、最終案（図19）では、折衷主義の双塔建築になり、ゴシック調のアーケードにはムデハル（中世のイスラーム建築の材料と手法で作られたスペイン・キリスト教建築）的な多弁形アーチを挿入するデザインです。両案に共通する鉄細工のポールや欄干・手摺《てすり》はガウディらしく優れたものです。この時の審査員はアルバイト先のサラリャックとビリャールの両教授が含まれていましたが、校長のルジェン、ルビーラ、フォン、ビラセカ、ドゥメナク・イ・ムンタネーの七名構成で、結果は「賞に値せず」に終わり、賞金を得るには至りません。スペイン建築写真集購入の一部に充てるつもりでいたのでしょうが、見事に期待外れになったわけです。ドゥメナクは七三年末マドリード建築学校で資格を取り、七五年にはバルセロナ建築学校の臨時講師に着任、その翌年にこの優秀賞審査員に加わっています。ただし、ガウディが彼の講義を受講したことはありません。

師ジュアン・マルトゥレイ

ガウディが師と呼べる建築家はジュアン・マルトゥレイ《マルトレール》です。ガウディは彼を無条件に賛美し、「賢者で聖人であり、当時最高の造形感覚を持つ建築家」と評価します。本人によると、建築家になって数年間、彼の助手をしていたと述懐します。

マルトゥレイはバルセロナ工匠学校にて一八六七年三四歳で資格を取り、発展解消した同建築学校では七六年四五歳で建築家の資格を取得します。この履歴だけでも、かなりの苦労人、努力家であろうと推測されます。主要三九作品の半分が教会建築であったことから、信仰心篤いキリスト教徒であったことも想像できます。保守的なカトリック教理を指針とするサン・リュック美術協会《サルクラ》の創設メンバーで、この協会の理念的指導者がガウディを死の断食から救ったトーラス・イ・バージャス、後のビック司教です。もちろん、ガウディとその仲間たちも所属しますが、六〇歳のマルトゥレイは大御所的存在であったに違いありません。

他方、この努力家マルトゥレイの幸運は、その兄アンジェルがジュアン・グエル創業の「バポール・ベイ社」の工場長であったことです。ガウディのパトロン、アウゼビの父親のこの会社は後にコローニア・グエルに移転しますが、こうした関係から、バルセロナ旧市街グエル邸本館、郊外のフィンカ・グエルの別邸改造や礼拝堂、さらには市中央のグエルのモニュメントが託されます。フィンカ・グエルの別邸改造にガウディも参加し、同フィンカの正門「ドラゴンの門」とそれに付随する門衛館と厩舎《きゅうしゃ》・馬場（口絵5）はガウディの作品です。

息子アウゼビは、国際級の船舶会社「大西洋横断社《トランサトランティカ》」の創業者アントニオ・ロペス、コミーリャス侯爵の娘イサベルと結婚します。このロペスがマルトゥレイに託した作品が、スペイン北部のコミーリャス（サンタンデール県）の侯爵館、同墓廟《ぼびょう》礼拝堂、コミーリャス神学校、及びバルセロナ市建築年間賞に輝いた「商業信金《クレディト・メルカンティル》」です。ガウディはコミーリャスの墓廟礼拝堂の家具をデザインし、隣接するキハーノ（ロペスの義兄弟）邸『奇想館《エル・カプリッチョ》』（口絵4）を設計します。マルトゥレイの教会建築以外のその他の作品は、これらのグエルとロペスの二大財閥に関係するブルジョアたちから依頼されたものですが、ガウディも評価したように、マルトゥレイは信用できる穏健な人柄で、旧世代を代表する優れた建築家であったことも忘れてはなりません。

バルセロナ大聖堂は一四世紀のゴシック建築ですが、その大正面（図20）は一九世紀末から二〇世紀初めの建設です。これをもって完成とするなら、建設に六百年を要した

図20　バルセロナ大聖堂（メストラスとフォン、大正面1887-90、左右小塔1896-98、採光塔1906-13）

ことになり、サグラダ・ファミリア聖堂の工期の長さに驚く必要はなくなるでしょう。

この大聖堂大正面のコンペが一八八二年に開催され、マルトゥレイがこれに応募します。この計画案（図21）を描いたのがガウディ、図面の題字をドゥメナク・イ・ムンタネーが担当します。この案は当時の建築界に多大の影響を与えていたフランスの建築家ヴィオレ・ル・デュックが提案したゴシック大聖堂の雛型《ひながた》を参照したもので、高い評価を得ました。建築学校の教授で編成された審査委員会は、大聖堂の権威ある建築家メストラスとフォン教授との共作案を選出します。当時バルセロナ在住の五〇名の建築家のうち、このコンペの参加者と審査員、および不在にしていたか、表明を避けた建築家一六名を除く、残りの二八名がマルトゥレイ案への賛同を実名入りで新聞に公表しますが、審査結果を覆すことはできませんでした。メストラスとは旧知の間柄で建設費を負担した富豪、バルセロナ銀行創設者のジローナの意向を受けた「出来コンペ」であったであろうことが推測されます。

この大正面案に見られるようにマルトゥレイの教会建築はネオ・ゴシックを特徴としますが、ガウディが関与したサレーサス修道院（図22）とイエズス会修道院ではより自由な折衷主義の建築になります。後者ではロマネスクとビザンティン様式が参照され、中央のクーポラ屋根には円形の多彩色タイルが葺《ふ》かれています。サレーサス修道院聖堂はネオ・ゴシックをベースとしながらも、レンガと多彩色タイルを組み合せた装飾性豊かな外壁や木造の細工天井などにスペイン独特のムデハル性が顕著に見られます。この傾向はガウディの同時期の作品、カサ・ビセンス、キハーノ邸、およびフィンカ・グエ

図21　バルセロナ大聖堂大正面コンペ応募案。ガウディによる製図（マルトゥレイ、1882）

ルの厩舎・馬場と門衛館でさらなる展開をみることになります。これはマルトゥレイから学んだ結果なのか、それとも助手ガウディの関与でマルトゥレイの作品に変化が現れたのか。恐らく、まず助手にデザインさせ、その結果に修正作業を指示しながら最終デザインを決定したであろうから、最終判断は師マルトゥレイにあるものの、ガウディの関与も大きかったに違いありません。だからこそ、マルトゥレイはガウディの可能性を知ることができ、後述しますが、この助手を二代目のサグラダ・ファミリア聖堂の建築家に推挙できたのでしょう。

マルトゥレイのパトロンがグエル家とロペス家のそれぞれの初代だとするならば、ガウディのそれは両家の二代目アウゼビ（初代グエル伯爵）とクラウディオ（二代目コミーリャス侯爵）であったことは忘れてはならないでしょうし、将来のガウディにとって師マルトゥレイの存在は極めて重要であったと言わざるを得ないでしょう。

ガウディの同僚たち

ガウディの日記に記載された同僚のアルバイト学生はフランセスク・マリネー、クリ

図 22　サレーサス修道院教会堂（マルトゥレイ、バルセロナ、1882-85）

ストーバル・カスカンタ《カスカンテ》、ウバルト・イランゾの三人です。苦労人のマリネーは日記と同じ一八七七年に、ガウディとカスカンタが翌七八年、そしてイランゾが七九年に建築家の資格を取得しています。授業や試験で同席したことのある仲間たちです。カスカンタは、フンサレーのシウタデーリャ公園と、ガウディの誘いで入ったビリャールの所で、モンセラーの主祭壇裏側の祭室「カマリン」の設計に携わります。マリネーも同じ「カマリン」の作業をしていますが、イランゾはフンサレーの街灯に携わっています。面白いことにガウディが仲間のアルバイト時間を記録していますが、ビリャール事務所とフンサレー事務所の区別なく同一ページに記載されているのは奇妙で、記録の目的は不明です。終日働くことは珍しく、短いときは三〇分、四五分、一時間、二時間、三時間と日により変わり、時には二つの事務所を掛け持ちすることもあります。

　しかし、建築家になってからの待遇は一変したことでしょう。例えば、カスカンタの場合、遠隔のコミーリャスに行き、マルトゥレイの侯爵館、墓廟礼拝堂、そして神学校の設計監理を任されています。このマルトゥレイの助手を務めていたもう一人の建築家カミル《カミロ》・ウリベラス《オリベラス》はガウディと同じくコミーリャスの墓廟礼拝堂の家具デザイン、バルセロナ大聖堂大正面計画、及びイエズス会修道院などを担当しています。ウリベラスも最初工匠の資格を取り、七七年に建築家になり、八七年からはバルセロナ県建築家という公職に就きます。先述したアルバイト仲間のイランゾもバルセロナ市建築家、マリネーもサリアー、ウスピタレー・ダ・リュブラガー市、及びグラヌリェス市建築家に就任しています。したがって、この時期の建築家でガウディのように公職に就かない建築家は少なかったと言えるでしょう。カスカンタはガウディの『奇想館』を設計監理し、ウリベラスはガウディ作グエル館の暖炉をデザインするような仲間であり、三者は、中世のスペイン独特のムデハル建築に由来するレンガ造建築と合理的な放物線《パラボラ》アーチを使用する点で共通し、カスカンタが三八歳、ウリベラスが四九歳という若さで死なければ、一つの様式を生み出した可能性すらあったのです。

一八七九年一二月、カタルーニャのあらゆる地を探索し、その遺跡の発掘、古建築の調査、あるいは自然美の発見などを目的とする「カタルーニャ主義科学的探訪協会」の理事に、未《いま》だ本格的な建築作品を生み出していないガウディが選出され、この役職を一八八〇〜八一年の二期務めることになります。六人構成のもう一人の理事、歴史家アウレスティアはレウス出身の中等教育を共にした学友でした。八〇年と八一年の一月の総会会場になった市庁舎の市議会室「百人ホール《サロー・ダ・セン》」、および八一年四月のカタルーニャの守護聖人サン・ジョルディ祝祭日の特別夜会が開催された探訪協会ホール、これらの装飾をガウディが担当しています。この協会には後のパトロンのグエルや、カタルーニャ語詩作コンクール「花の祭典」の受賞者たち、クリェイ神父とバルダゲー神父（カタルーニャの大詩人、コミーリャス侯爵家司祭）など後の友人たちの姿もみられます。

探訪協会が組織するいくつかの見学会や探訪旅行にガウディも参加しますが、八〇年一一月のウレサ・ダ・ブナスバイス（バルセロナから南西に約三〇km）への旅行では病院の平面図を描き古建築の記録を残しています。八二年五月には、マリョルカとバレンシアの探訪協会と合同でプブレー《ポブレート》修道院への集団見学が組織され、その夜の訪問では、ガウディが花火を仕掛け、参加者を驚かせ喜ばせてもいます。参加者にはクリェイやバルダゲー神父の他、ドゥメナク・イ・ムンタネー教授もいました。

また、八〇年一月、七七年以来計画されていた「作家・芸術家協会」の設立メンバーに建築学校のビラセカとフォンの両教授と共にガウディも任命されます。同メンバーにもレウスでの学友、詩人・劇作家のバルトリーナが含まれます。このメンバー任命前の準備会にも八名の一人としてガウディは出席します。

　カタルーニャの文化センターとしての役割を担い、「花の祭典」の開催組織でもあった「バルセロナ文芸協会《アタネウ・バルサルネス》」は、「文学・歴史・遺跡」、「美術」、「倫理学・政治学」、「精密科学・自然科学」、「農業」、「工業」、「商業」の七部門よりなり、八一～八二年期の役員人事でガウディは「美術」部門の委員長、かつてのアルバイト先であったフンサレーは同部門の委員、かつ協会理事、ドゥメナク・イ・ムンタネーは「精密科学・自然科学」部門の副委員長に選出されています。また、九〇年、完成直後のグエル館を雑誌に紹介し、大賛辞を送ったラオーラは理事会副書記を務めています。

図23　グエル館、中央ホール、雑誌掲載図版 1891年1月（ガウディ、バルセロナ、1886-90）

　これら三つの事例では、卒業間もない

ガウディが、他の建築家の下で助手を務めながらも、公の場に積極的に参加する血気盛んな姿が見られます。晩年からは想像できないことですが、人脈を広げ、社会的地位の向上を目指していたことは間違いないでしょう。この時代に知り合った仲間たちが、文筆活動を通してガウディを支援します。例えば、探訪協会の理事長にもなり、探訪旅行にも同行したタマロはフンサレーのシウタデーリャ公園の鉄柵とゲートの完成を告げる雑誌記事（図2）でガウディのデザインであることを公表していますし、「バルセロナ文芸協会」の「美術」部門の委員長の時、同協会の副書記であったラオーラは、グエル館が完成する九〇年から翌年にかけて新聞と雑誌で作品（図23）を紹介し、ガウディをドゥメナクに並ぶ建築界の革新者であり、カタルーニャの誇りだと絶賛します。またガウディと共に「作家・芸術家協会」の創設メンバーに指名された美術史家のプッチガリーは、九四年にグエル館の単行本を出版します。

しかし、ガウディが独立して自らの建築作品に専念し始める一八八三年頃から、彼の姿は公の場から消えていきます。一方、建築家ガウディの名前だけはマス・メディアでしばしば取り上げられるようになります。

第5章　パトロン、グエル伯爵とコミーリャス侯爵との出会い

ガウディのパトロンは、グエル《グエイ》家二代目のアウゼビ、及びロペス家二代目のクラウディオで、前者は伯爵になり、後者は父の爵位を継いで侯爵になりました。巻頭のガウディ主要作品年譜と表4はガウディの主要な建築作品におけるグエル、ロペス両家から託された作品を示しています。サグラダ・ファミリア聖堂にも巨額の献金をしていますから、ガウディの全建築人生にわたり作品を与え続けたことになります。

グエル家とロペス家

父ジュアン・グエルはタラゴナから北東一二kmの漁村の出身ですので、故郷はレウスからも近距離になります。バルセロナで航海術を学び、一八歳でハバナに行き、雑貨店での下積み生活から始めます。キューバに渡ったのは、中南米諸国が既に独立し、この島だけがスペインの植民地として残されていたからですし、カタルーニャ人の島と言わ

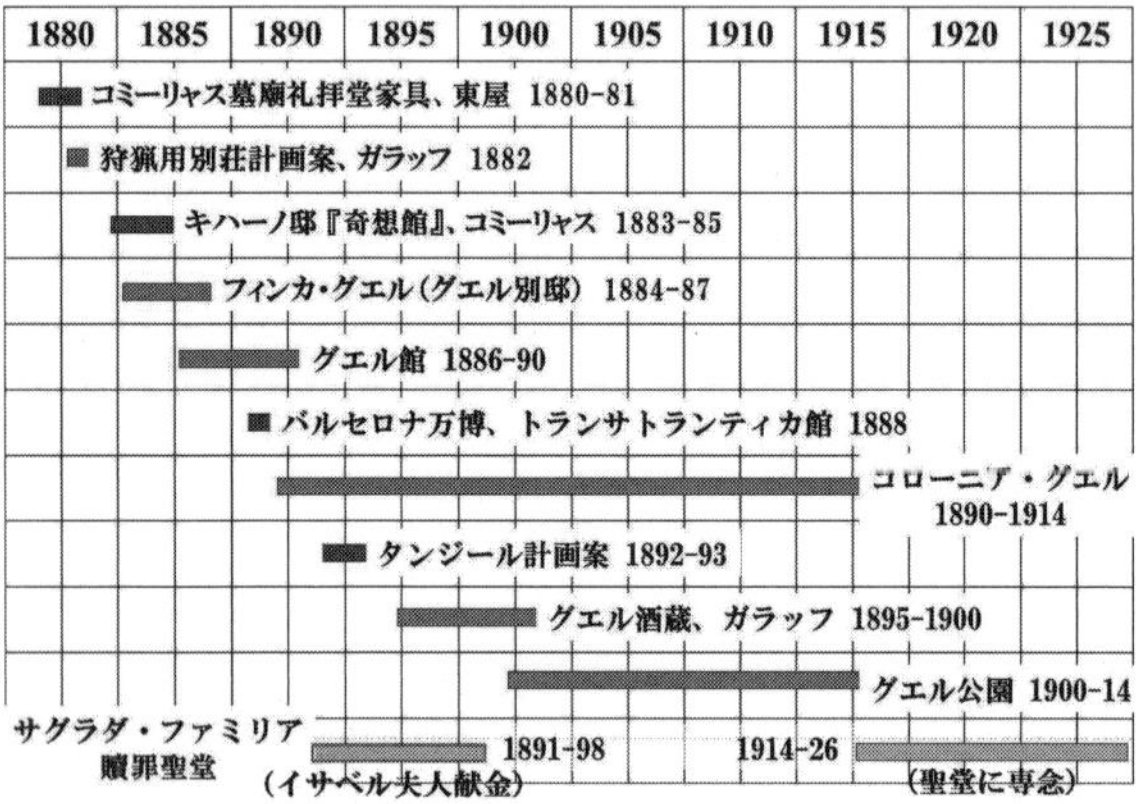

表4　グエルとロペス両家によるガウディへの依頼作品年譜

れるほど多くの同郷人の移民があり、立身出世の足掛かりにしていたからです。

一九世紀の独立前のキューバには既にプランテーション経営で富豪となったカタルーニャ人たちもいました。カタルーニャの織物を船でキューバに輸出し、砂糖に交換して、その砂糖をアメリカに運び綿花と交換、その綿花を同じ船でカタルーニャに運び、織物の材料としました。こうした貿易で繁栄したハバナでジュアン・グエルは商店を構え、商店会会長になるほどに成功します。しかし、キューバには留まらず、三三歳の時、二年をかけ先進諸国を歴訪しながらバルセロナに帰国し、小さな織物工場を創業し、カタルーニャで一、二を争う繊維会社「バポール・ベイ」に発展させます。そのため保護貿易の組織「カタルーニャ工業会」を創設する一方、政界に出て保護貿易の先鋒《せんぽう》を切りながら、後進国スペイン、特にカタルーニャの近代産業の発展に貢献します。

スペイン北部の寒村コミーリャス出身のアントニオ・ロペスは立身出世を絵に描いたような人物です。一七歳でハバナに渡り、イギリスの奴隷貿易禁止後、台頭していたカタルーニャ人奴隷商に交じり、奴隷貿易で財をなし船舶会社「ロペス社」を起こし、妻の出身地バルセロナに本社を移設し、八一年には国際級の「大西洋横断社《トランサトランテイカ》」に発展解消させます。プリム将軍の活躍したモロッコとのアフリカ戦争とキューバ第一次独立戦争でスペイン軍の移動や物資の運搬に貢献することで七八年にコミーリャス侯爵に叙任されます。

これら初代のグエルとロペスが一九世紀のバルセロナにいかに貢献したかは、二人の彫像モニュメントがコロンブスのモニュメントを結ぶかのような位置（図24）に設置されたことからも明らかでしょう。海岸沿いの旧城壁跡を利用したイサベル二世通りは旧バルセロナ港城門から旧市街のメイン通りランブラスとの交差点に延びますが、この交差点にコロンブスの彫像（同図9B）、港側にコミーリャス侯爵ロペスの彫像（A）、そしてランブラスを新市街の拡張部に延ばしたランブラ・ダ・カタルーニャ通りと最初の大通り《グラン・ビア》（コルス・カタラーナ）との交差点にグエルの彫像（C）が設置されたのです。最初のグエル像はマルトゥレイ設計の巨大モニュメントで交差点中央に設置されていたのですが、交通事情から中央歩行者広場側の別の像に代わっています。ロペス像は、リョッジャ（商取引所）前の同名コミーリャス侯爵広場に設置されているのですが、最近、彼が奴隷商で蓄財したことが公に知れ渡るようになり、労働者連合などの組合組織が広場名の変更と彫像の撤去を求める事態になっています。

ロペスは、侯爵に叙任される八年前の一八七〇年、バルセロナの一八世紀最大の建築、モジャ侯爵館を購入します。貴族が由緒来歴、それを示す領地や建築遺産を特徴とするならば、新興ブルジョアの社会的ステイタスを誇示する一つの有力な方法は、広大な土地と豪壮な邸館を持つことでしょう。モジャ館の改修をグエルの紹介でマルトゥレイに託し、翌七一年、長女イサベルとグエルの息子との結婚式をこの侯爵館であげます。この新婚夫婦の長女イサベル（母と同名）がその一年前に生まれていることから、この結

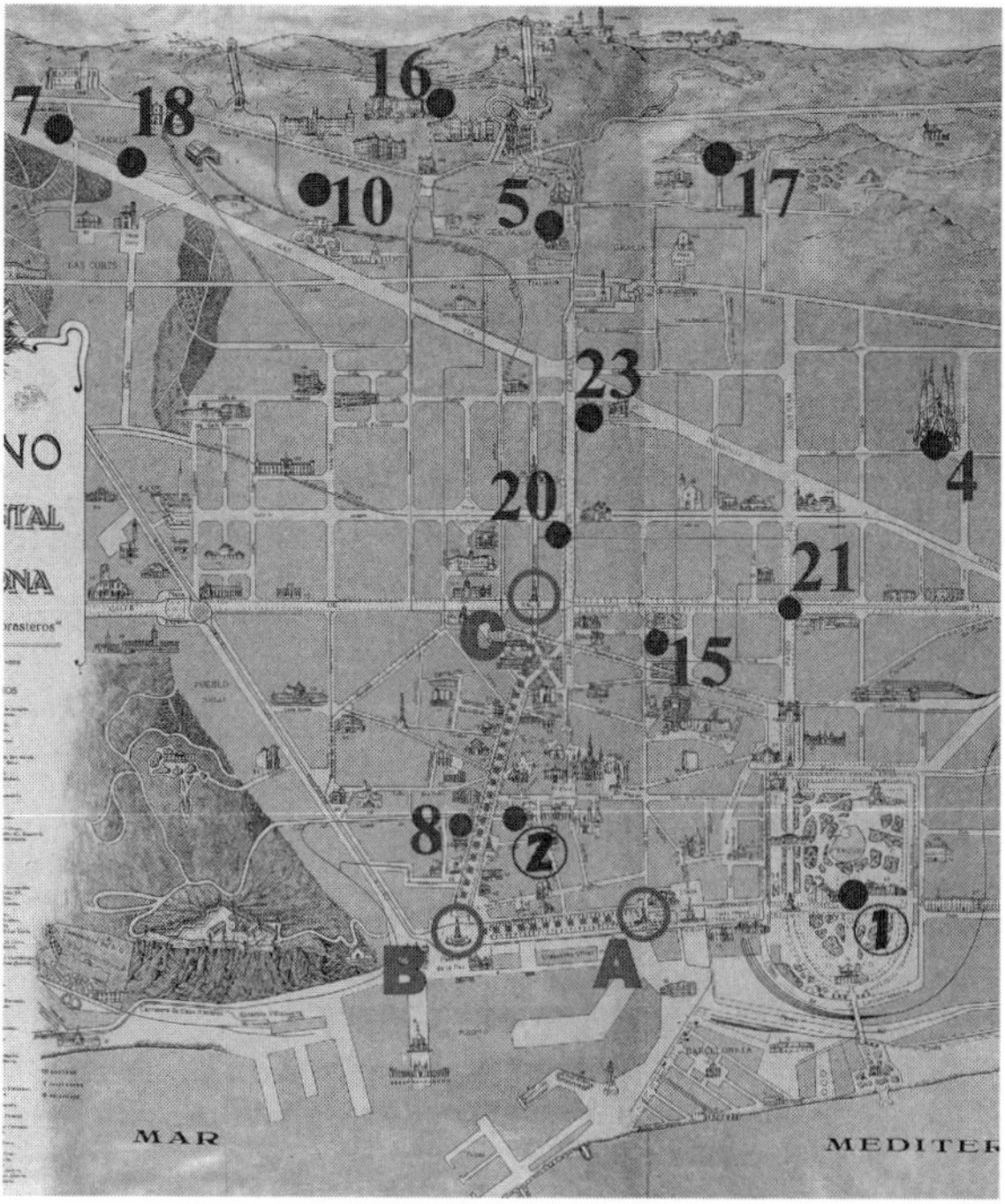

図24　バルセロナ（「都市ガイド・マップ1910」より）4〜23は巻頭のガウディ主要作品年譜の作品番号に対応する
①シウタデーリャ公園、②ライアール広場
A ロペス像、B コロンブス像、C グエル像

図25　初代グエル伯爵のアウゼビ・グエル（1846-1918）

婚式は新興ブルジョアの二大富豪の結束を宣言する式典、かつ新しい侯爵館のお披露目であったと推測されます。そして七二年、グエルの死を受け、二六歳のアウゼビが父の会社やその他の役職を後継することになります。

アウゼビ（図25）は父が四六歳の時の子供であり、裕福な境遇のなかで、バルセロナ大学卒業後もフランスに留学し、法律、経済、社会学、物理・化学や力学を修める学究肌の若者でしたし、自分のスケッチが画報雑誌の下絵になるほど芸術的素養にも恵まれていました。また、父親の他界時、会社を手伝っていたという情報もなく、会社経営は未経験であったと推測されます。この経験不足を舅《しゅうと》のロペスが補ったに違いなく、両者の関係は極めて良好だったと考えられます。例えば、ロペスは七四年から他界するまでモジャ館に隣接する家屋や土地を娘婿の名義で買い続け、グエル家の郊外の大邸宅、現在のバルサの本拠地カン・ノウに達する大学都市の広大な敷地のフィンカ・グエル（グエル別邸《ヴィラ》）での生活をこよなく愛し、娘婿は狩猟好きの舅のために家具のデザインや広大な私有地ガラッフに狩猟用別荘の計画（図29）をガウディに依頼しているのです。

しかし、ロペスは子供四人のうち長男と二女を七六年と七九年に二〇代の若さで失い、本人も八三年に他界します。三〇歳の末っ子クラウディオ（図26）が父親の関係していた会社を後継します。すなわち、「大西洋横断社」や「フィリピン・タバコ総社」、及び銀行を含む四つの会社の会長や総裁と「北部鉄道」の副会長を後継し、これらすべての会社でアウゼビ・グエルが取締役として補佐することになります。また、新たに保険会社と炭鉱を創業した時にも、グエルは取締役に就き、義弟の補佐役に徹します。この二代目グエルもまた、九一年、父から受け継いだ繊維会社「バポール・ベイ」を「コローニア・グエル」（図27）に

図26　二代目コミーリャス侯爵のクラウディオ・ロペス（1853-1925）

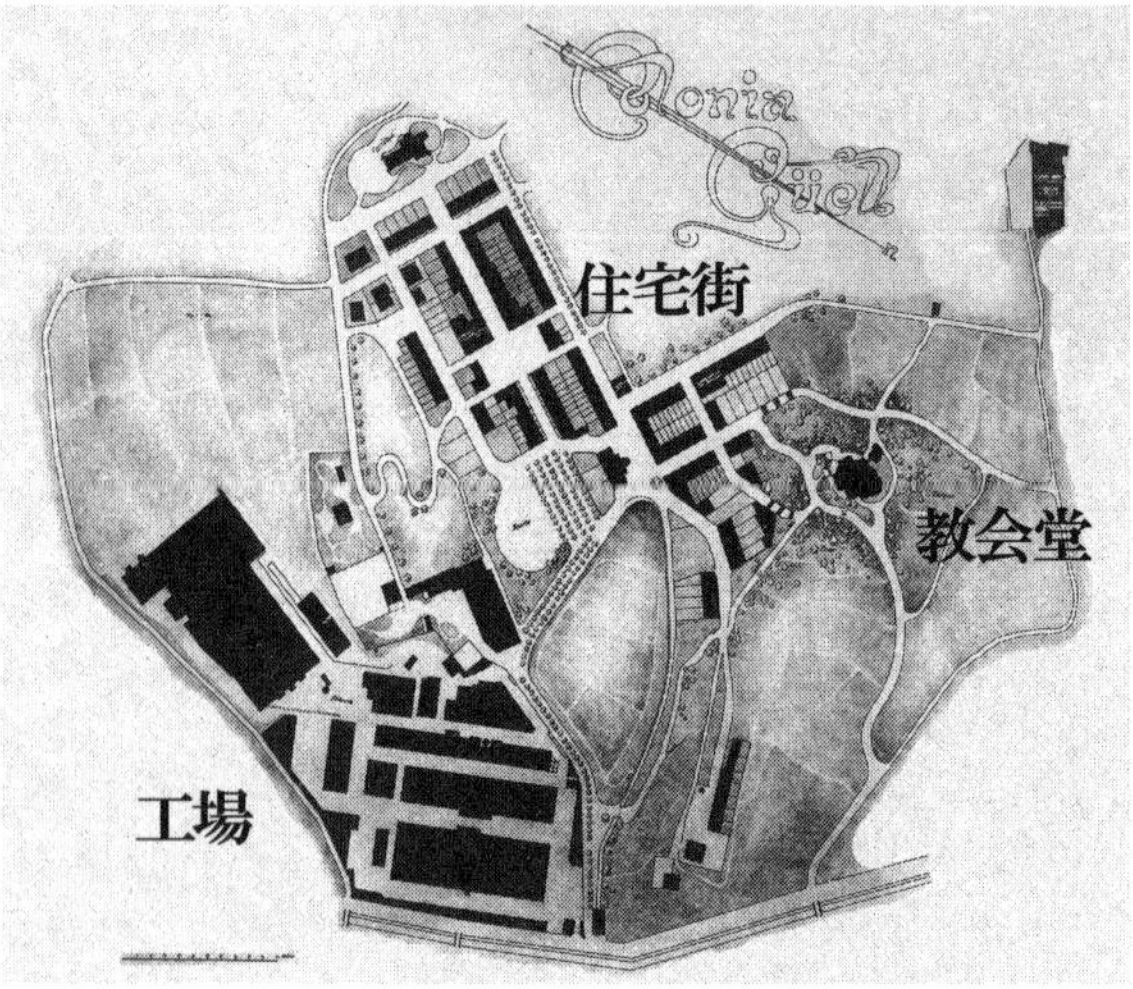

図27　コローニア・グエル配置図（ガウディ、サンタ・クローマ・ダ・サルバリョ、1910）

移し発展解消します。この小さな工業都市「コローニア・グエル」は工場とそこで働く約半数の従業員のための庭付き戸建ての住宅街区、ホテルや娯楽施設、銀行や協同組合、学校や教会堂などと耕作地よりなる、自給自足可能な理想的な工業コロニーを目指していました。工場以外の計画はガウディに託され、助手たちが住宅などを設計しますが、ガウディ自身は世界遺産の未完の聖堂に携わっていました。その他、グエルはワイン酒造にも乗り出し、一九〇一年にはスペイン初のセメント工場「アスランド」を創業し、ガウディはその前年に着工した世界遺産のグエル公園でそのセメントを使うことにもなります。

王家とも親しかった

グエルとロペスの両家は王家とも親しい関係にあります。父ロペスの存命中の一八八一年と八二年の夏、二年連続で田舎町のコミーリャスに王族を避暑に招いています。この時、ガウディは東屋《キオスク》をデザインしていますが、国王アルフォンソ一二世を近くの名所に案内したのが二代目の二人ですし、二〇世紀に入り、王女たちがバルセロナを訪問する度にお供をするのが、両家のイサベル夫人とマリア夫人でした。二代目コミーリャス侯爵夫人のマリア・ガヨンは大変な美貌の持ち主で、女王付きの歓待女官という宮廷の華の役割を担ってもいました。また侯爵夫人は、八八年にマドリードで「無原罪のマリア夫人協会」を創設し、その会長となり、女王に名誉会長を引き受けてもらえるほどでした。この協会の目的はモロッコのタンジールを拠点とするアフリカでのカトリックの伝道を託されたフランシスコ会の教育活動を経済的に支援することです。その一環として、ガウディに学校の設計を依頼しますが、これがタンジールのフランシスコ会本部のミッション館計画（図80）です（一七六～八、一九一～三、二三五～六ページ参照）。二代目コミーリャス侯爵は建設費を全額負担し、この計画案に従い建設することを約束します。残念ながら、この建設に賛同する返事がバチカンから得られず、計画案は実現されませんでした。しかし、この案がサグラダ・ファミリア聖堂（図82）に変貌するのです。

国王アルフォンソ一三世はバルセロナ訪問前に叔母の王女パスに次のようなお願いをします。

「私はコミーリャスとその義兄グエルに感謝する方法を知らない。大十字勲章を授けても、それを辞退し、返してしまうのですから。だから、廷臣の鍵を二つあなたに渡します。これはわが家の鍵であり、謁見を申し出る必要なく、いつでもわが家に入ることのできる鍵であると説明し、あなたが直接手渡せば、きっと受け取ってくれるでしょう」

グエルは一八八四年以来父王の廷臣ですので、親子二代にわたる廷臣になります。結局、グエルは一九一〇年に伯爵に叙任されますが、実はその二年前に既にその叙任勅令が出ていたのです。この空白の二年も、グエルの抵抗を意味するのかもしれません。しかし、一旦爵位を受け入れると、翌一一年には四人の息子のうち二人に子爵と男爵が授与されます。長男は父親を後継して二代目グエル伯爵、かつロペス夫婦に子供が授からなかったため、三代目コミーリャス侯爵にもなり、残る一人は兄弟の子爵が夭折《ようせつ》したため、グエル子爵を継ぎます。その結果、家族全員が貴族になったことになります。

初代のグエルが過激な労働者から暗殺の標的にされたのに対し、二代目は若いころ市議と県議に選出されたことはありますが、表立って政治の舞台に立つこともなく、「人徳の人」で、詩人を自らの秘書にしたり、芸術家を会社の従業員という名目で経済支援したり、ガウディ作グエル館《パラウ・グエイ》を「邸館・博物館」と自ら呼ぶほど、中世カタルーニャの祭壇衝立《ついたて》やその他の古美術を多数収集し、芸術の保護者としての面目躍如たるところがあります。二代目コミーリャス侯爵はバチカンからは唯一彼のみが最高の勲章の「キリスト最高位勲章」と「黄金騎士団勲章」の二つを授かり、他界後は教皇より公爵に叙任されてもいます。

「スペイン最大の寄進者」としてカトリック教会やフランシスコ会を含む修道会への支援を怠ることがなかったからです。また、アフリカに赤字覚悟の交易所などやそこへの航路を創設し、スペインの権益を守ることにも尽力します。彼は公の場に姿を現すことがないため、「誰もが彼の名を知りながら、彼を知る人はいない」と報道されたりします。

ガウディもグエルのことを、「言葉の持つあらゆる意味で紳士」だと言い、紳士とは、「優れた感受性、優れた教育、優れた地位の人のことであり、あらゆる点で優れているから、妬みを感じることも、人の邪魔になることもなく、周囲の人を際立たせることを好む」人だと定義し、最大限の評価をしています。また、当時のマドリードのジャーナリストも「バルセロナに来て、富と分別と思いやりに満ちたこの高名な貴族（グエル伯爵）に会わない」ことはあり得ないと言います。中世のカタルーニャがバルセロナ伯爵家に起源があったように、グエルはこの「伯爵」像に重ねて見られるようになります。おそらく、本人もそう考えていたのではないでしょうか。すなわち、初代のグエルもロペスも典型的な裸一貫からの立身出世の人物であり、それを誇示できるような社会貢献を果たしているように見えるのに対し、二代目グエルは自分の成功より、カタルーニャの存在をスペインに、そして世界に認めさせるという社会的使命感を持ったように思えます。同様に、二代目コミーリャス侯爵は、列強の植民地政策に対し、スペインの権益を世界に認めさせることや、カトリック世界でのスペイン人の貢献を認識させることに力を注いでいる人物のように見えます。前者は当時のカタルーニャ主義（地方主義）、後者はナショナリズムに対応するものといえるでしょう。三代目は二代目の作り上げた世界を維持継続することになります。

パトロンと建築家

アウゼビ・グエルとガウディとの出会いは、後者が建築家の資格を得る一八七八年に遡ります。この年のパリ万博に出展するため、バルセロナの革手袋店のコメーリャが展示用ショーケースをガウディに託します。このショーケースはスペイン会場のカタルーニャの産業に宛がわれた第二展示室に大企業の織物展示に囲まれて設置されます。当時のカタルーニャのマス・メディアがこの作品を報道した形跡はありませんが、マドリード発行のスペイン最大の週刊画報誌が図版（図28）を掲載し、大賛辞を贈っています。「これら（カタルーニャの主要企業）の大展示ケースに並んで、バルセロナで手袋店として有名なコメーリャ氏により展示された極めてつつましいショーケースが見られる。その中に展示されている革製品と手袋の品質の良さは、ショーケースの趣味の良さに一致する。芸術性においてこのケースに優れるような展示施設は本万博会場にはほとんど見られない。小さなものでありながら、その制作費が一万ペセタにも上ったことは容易に理解される」

建築学校校長の年収が七五〇〇ペセタ、年間の学費が二五ペセタという時代の一万ペセタです。木製の台座部分に対し、本体のメタルフレームの総ガラス張りと、頂部の多彩色の革リボン装飾よりなるショーケースは、極めて近代的であり、クラシック調の大展示施設との違いは一目瞭然でしょう。だからこそ、バルセロナともカタルーニャとも全く無関係のマドリードの雑誌編集者によるこうした報道がなされたのです。この会場にはカタルーニャの主要企業による展示がなされていますから、当然ながらグエルも訪問します。そして、このショーケースに衝撃を受け、バルセロナに戻り、そのデザイナーを突き止め、早々にガウディに会いに行ったというのです。これは伝聞ですので、どこまで本当かは不明ですが、グエルが衝撃を受けたことは間違いないでしょう。だからと言って、直ちに建築設計を依頼したわけではありません。最初は家具デザインの依頼であったことは、ショーケースのデザインに惚《ほ》れた結果なのですから当然と言えば当然

N.º XXXV　LA ILUSTRACION ESPAÑOLA Y AMERICANA.　169

EXPOSICION UNIVERSAL DE PARIS.

SECCION ESPAÑOLA.—INSTALACIONES DE INDUSTRIALES DE LA PROVINCIA DE BARCELONA.

1. MUESTRAS PRESENTADAS POR EL GREMIO DE GALONEROS Y PASAMANEROS.—2. FÁBRICA DE LOS SRES. BATLLÓ.—3. BLONDAS Y ENCAJES DEL SR. PI.
4. TELAS DE «LA ESPAÑA INDUSTRIAL».—5. GUANTERÍA DEL SR. COMELLA.—6. FÁBRICA DE BICART Y COMP.ª—(Dibujo del natural, por Pellicer.)

図28　パリ万博のスペイン展示場カタルーニャ産業、左下がコメーリャ革手袋店ショーケース（ガウディ、1878）

図29　グエル狩猟用別荘計画案（ガウディ、ガラッフ、1882）

でしょう。そして、四年後の八二年、初めての建築設計、舅《しゅうと》ロペスの趣味を満足させるための狩猟用別荘をガラッフに計画することを依頼します。しかし、ロペスが翌年他界したため、この計画案（図29）は着工されませんでした。

　この時期のガウディはマルトゥレイの助手を務め、前述したバルセロナの二つの聖堂建築に携わりながら、コミーリャスの侯爵家墓廟《ぼびょう》礼拝堂の家具をデザインし、国王の避暑滞在に合わせ建設された庭園の東屋（図30）を設計します。後者は庭園を飾る一種の装飾建築で、しかも国王の滞在を和ませることを目的ともしていましたから、娯楽施設的な独創性に満ちた華やかな小建築になっています。そして、翌八三年、ガウディ個人の最初の建築作品の一つ、初代ロペスの義兄弟のキハーノ邸『奇想館《エル・カプリッチョ》』

（口絵4）が墓廟礼拝堂に隣接して着工されます。同時期、初代グエルの建築家であったマルトゥレイはバルセロナ郊外のフィンカ・グエルの礼拝堂を手掛け、既存の邸宅を改造しますが、その屋上への階段出入口兼展望台（図31）がガウディのデザインになります。八四年に着工する正門とその付属施設の門衛館、厩舎《きゅうしゃ》、および馬場（口絵5）、さらには二つの門（図32）と塀に併設された展望台などがガウディ個人に託された作品になります。

図30　侯爵家庭園、東屋（ガウディ、コミーリャス、1881）

キハーノ邸とフィンカ・グエルの作品が依頼された時の状況を見ると、グエルがショーケースをきっかけにガウディを知ることになったとしても、ガウディをロペスとグエルの両家に結び合わせる仲介にマルトゥレイの存在があったことは否定できないでしょう。そして、これら二作品の結果を見た上でグエル館という本格的な建築の設計依頼をしているように見え、この段階では、グエルはまだ全面的にガウディを信頼していなかったようです。日々両者による打ち合わせがあり、グエルが何らかの示唆をすれば、それに響く回答をガウディは返したと言います。例えば、グエルが中央のホールに天空から光の射し込むような空間を所望すれば、ガウディはレウスにいい見本があると言い、馬車でそこまで案内したこともあります。ガウディはガウディで二五種類もの外観デザインを描き、グエルに最終の二案（図33・34）から選択させてもいます。ここには建築家が依頼者に気に入られようとする姿勢が認められ、以降のガウディには決して見られない姿でしょう。しかし、建設予算に制限は設けられず、グエルの秘書、詩人・作家のラモン・ピコーは「私がグエルさんの財布を満たし、ガウディが空っぽにする」と嘆いたほど、ガウディに全幅の信頼が置かれるようになります。前章に記したように、ラオーラは完成する一八九〇年末から翌年初めにかけて新聞と雑誌に九枚の図版を掲載し、作者と作品を絶賛します。九二年には米国の二つの雑誌が贅《ぜい》を尽くした近代建築として三枚の写真で紹介し、「探訪協会」の後継組織は集団見学を組織します。九四年には単行本が出版され、九六年には英国の雑誌も写真を掲載します。

図31　フィンカ・グエル、別邸屋上、階段出入口兼展望台（ガウディ、バルセロナ、1882？）

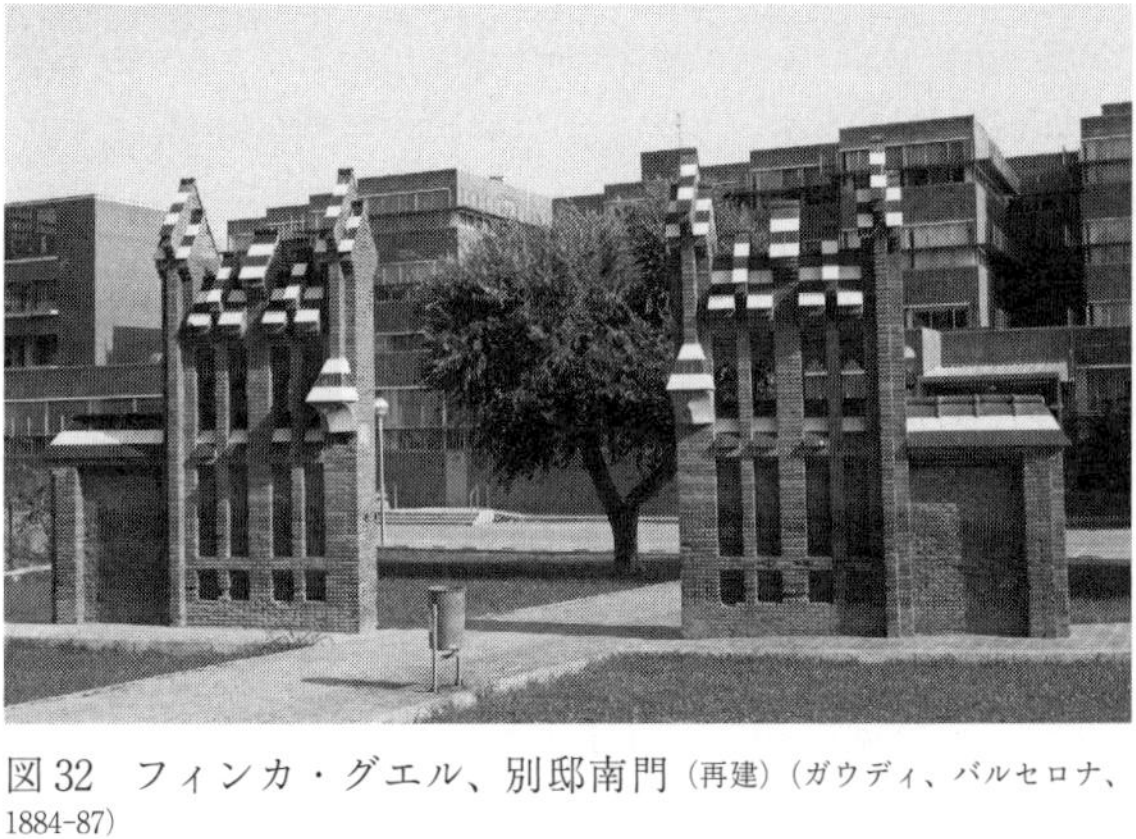

図32　フィンカ・グエル、別邸南門（再建）（ガウディ、バルセロナ、1884-87）

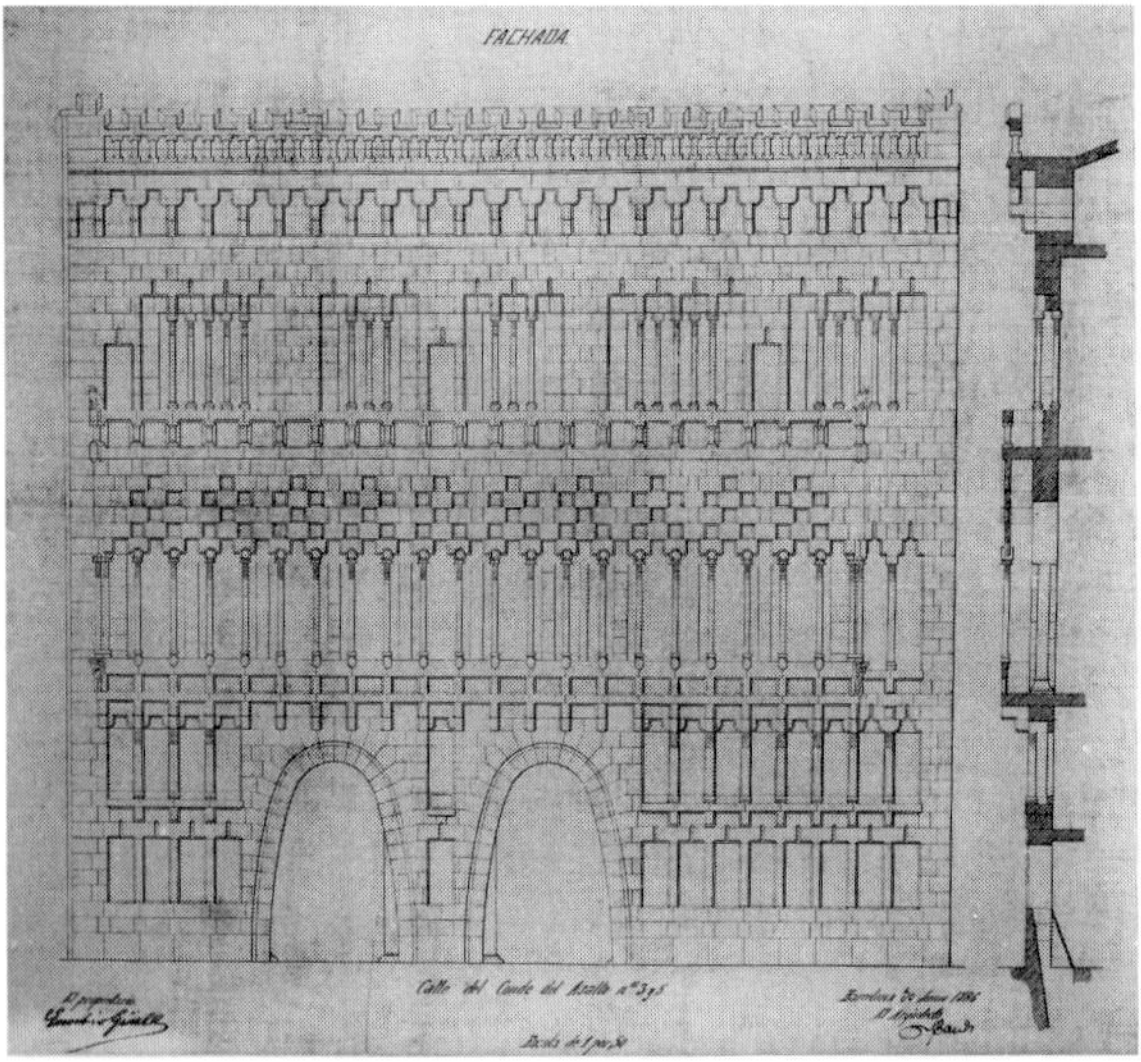

図 33　グエル館、実施された正面計画案（ガウディ、バルセロナ、1886）

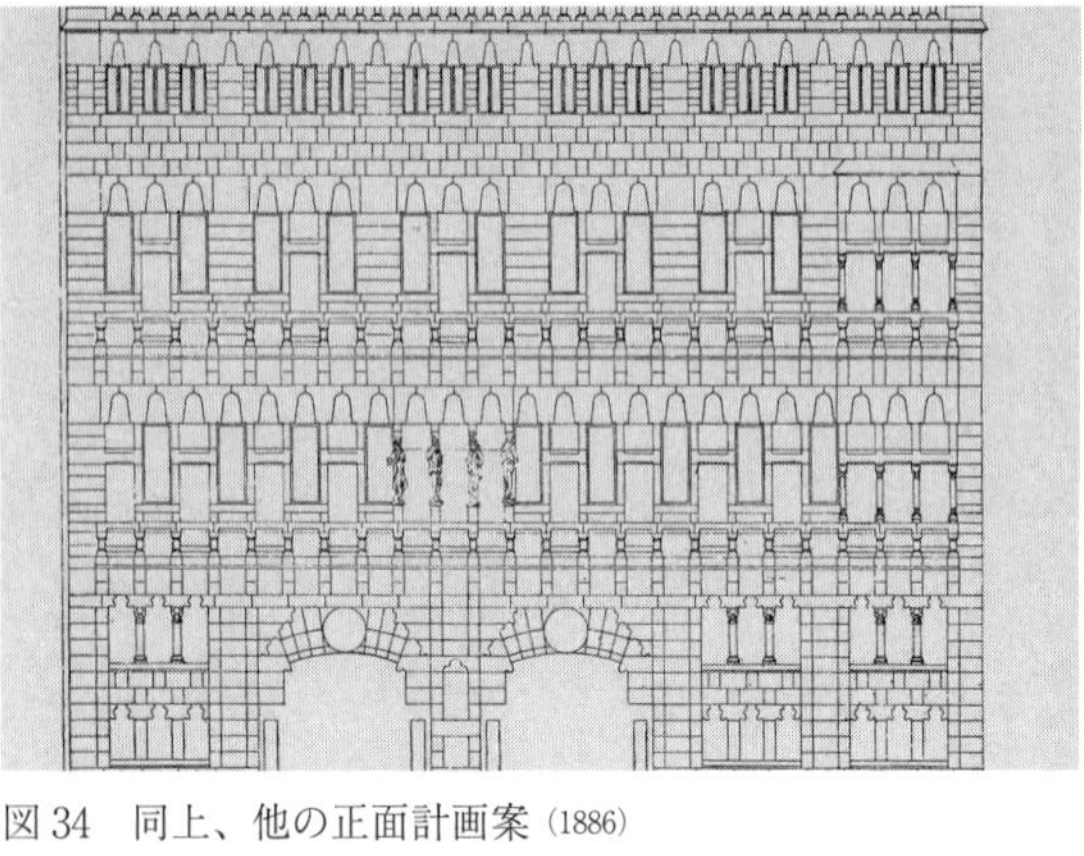

図 34　同上、他の正面計画案（1886）

図35　バルセロナ万博、大西洋横断社展示館（ガウディ、バルセロナ、1888）

グエル館建設中の一八八八年、バルセロナ万博会場内の大西洋横断社展示館の改造（図35）をコミーリャス侯爵から依頼されます。この展示館は前年開催のカディス国際海洋博で、最初から翌年の万博での再建を条件に建設されていたのですが、さらに注目されることを願いガウディに託されたのでしょう。ガウディは当時のブームでもあったアルハンブラ風に改造し、ジャポニズムの影響が認められる日本の蔀《しとみど》戸形式の開口部をデザインします。

一八九一年、グエルは繊維工場をコローニア・グエルで始動させ、翌年、同地グエル邸付属礼拝堂の代理教区教会堂としての許可を取り、九三年一月には、コロニー中心にガウディによる同教会堂計画案が完成します。しかし、これは住宅街のはずれに一九〇八年に着工され、一六年に未完のまま中断した現在の教会堂（図26・27）とは違います。この小都市開設計画当初はグエルも教会堂を不可欠と考え、早急の建設を願い、ガウディもお抱えの建築家らしく直ちに対応したのでしょう。しかし、何らかの理由で着工されることなく時が流れる一方、ガウディは社会的に高い評価を得るようになります。グエルもガウディに思い通りにさせた方が望み以上の結果が得られると思うようになったに違いありません。そのように思わせたのは、この間に作られた二つの作品です。一つは、先ほど述べたコミーリャス侯爵夫人から依頼されたタンジール計画案（図80）で、ガウディはこの設計に一八九二〜九三年の二年間も費やしているのです。純幾何学の放物線《パラボラ》を造形言語とする塔群建築のデザインは、それまでのガウディ作品からは想像できない革新的なものですし、建築の歴史でも前代未聞の造形です。また、絵画のような図面の完成度も高く、この図面に注がれたエネルギーは相当なもので、ガウディは、それ以降二度とこのような図面を描くことはありませんでした。婦人協会がガウディに支払った設計料は一万ペセタ、コメーリャ革手袋店

図36　グエル酒蔵（ガウディ、ガラッフ、1895-1900）

のショーケースと同額です。ちなみに、一五年後に建設されるガウディのもう一つの革新的な作品、サグラダ・ファミリア聖堂付属の仮設学校（図74）の建設費は八千ペセタで、ガウディが全額を負担しています。グエルの意識を変えたであろうもう一つの作品が、同聖堂の「降誕の正面」（図44）です。このファサードは九三年に着工され、九八年にそのデザイン全般が完了したもので、これによりサグラダ・ファミリアはバルセロナになくてはならないものになり、ガウディの名声が固まり始めます。実は、この建設費の半額以上をグエルが負担しているのです。

「降誕の正面」が着工して間もない九五年、グエルは舅のロペス用に狩猟用別荘を計画した地、ガラッフに酒蔵を依頼します。一九〇〇年に完成するこの極めて

図37　コローニア・グエル教会堂、逆さ吊り実験模型（ガウディ、サンタ・クローマ・ダ・サルバリョ、1898-1908）

独創的な作品は、タンジール計画案で生み出した建築造形の応用です。グエルはここの大所有地で栽培したブドウからワイン酒造も手掛けており、その酒蔵として建設されたものですが、それは地下二層に設けられ、隣接の旧酒蔵とつながっています。一階は馬車庫と管理人住宅、二階が別荘用諸室、三階は眺望の利くテラスを前庭とする礼拝堂です。この建物は美しい砂浜の地中海に面した海岸の小高い丘にありますから、海水浴には申し分のない別荘（図36）になります。

「降誕の正面」はグエル個人の所有ではなく、献金も名を伏せていますから、当然のことながら、グエルがこの建設に口を挟むようなことはしておらず、ガウディは悪戦苦闘しながらも、すべてを自らの意思で決定しています。酒蔵の建設でも、グエルがデザインに関し何らかの注文を出した様子もありません。そして、九八年に始まるコローニア・グエル教会堂の逆さ吊《つ》り模型（図37・38）は、最初はコローニア内の旧グエル邸一階作業所で、後に建設現場に事務所を建設し、その中で制作されていますから、グエル承認のもとでの作業であったはずです。この模型による構造実験に一〇年を費やし、着工しないでいたということ自体、普通では考えられないことでしょう。このことはグエルが建設の工期も予算も設定せず、ガウディに作品創作の機会と時間と財源を提供したことを意味するでしょうし、真にグエルのパトロン性を明らかにするでしょう。その結果、未完でありながら、世にも不思議な建築が生まれたこと

図38　同、正面側外観図、前図の逆さ吊り実験模型写真の上に描く（ガウディ、1908？）

になります。

一九〇〇年にはグエル公園（口絵17・18）が着工されます。表向きの目的は「パーク・グエル」という緑に囲まれた六〇戸の分譲宅地の造成です。しかし、事業は大失敗、売れたのはガウディが購入したモデルハウス、現在の「ガウディ邸・博物館」と弁護士トリアス購入の宅地の二件のみです。正門大階段横の現在の学校は、旧グエル邸で、既存の邸宅をガウディが改造したものです。一九〇六年以来、グエルとガウディは同じ公園内の住民となり、パトロンと芸術家の緊密度はさらに増します。事業の失敗にもかかわらず、そのことをおくびにも出さず、一九一五年のインタビューにこう答えています。

（グエル）「バルセロナのあの地域を整備することを願い、一〇年前広大な土地を購入し、あの公園を作ったが、公園は市に貢献していると思うな」

（記者）「もちろんそう思います。その公園には莫大《ばくだい》な資金を投じたことでしょうね」

（グエル）「そうだね。必要な資金はすべてだ。何百万ペセタという大金をね。しかし、他により良い使い方でもあるのかな」

郊外の整備が目的だと言うのです。しかし、この公園を読み解くと、ガウディの意図は古代ギリシアのデルフォイ《デルポイ》神域（図39）の再現なのです。オリンピックは古代ギリシアのオリンピア神域でのゼウスへの奉納競技会を起源とします。しかし、その他にも類似した競技会があり、その一つがデルフォイ神域でのピューティア大祭です。古くは八年に一度、前五世紀からは四年に一度、オリンピックと一年ずらしてアポローンに捧《ささ》げる音楽コンクールやスポーツ競技会などが開催されました。このアポローン神殿の巫女《みこ》たちに託された神託は「デルフォイ神託」と呼ばれ、古代のギリシア社会で重要な役割を担い、その神託の託される場所を「世界の臍《へそ》（中心）」と考えました。すなわち、デルフォイの再現とは「世界の中心」の再現であり、このグエル公園を神域としたバルセロナを「世界の中心」に祭り上げることを意味するのです。これはカタルーニャ主義が導いた一つの具体的な表現なのでしょう。グエル公園は、グエル自身の財力やステイタスを誇示することを目的とするよりも、それ以上に、バルセロナの、カタルーニャの存在を世界に認めさせる目的を担ったと言えるのです。デルフォイ神域の再現というアイ

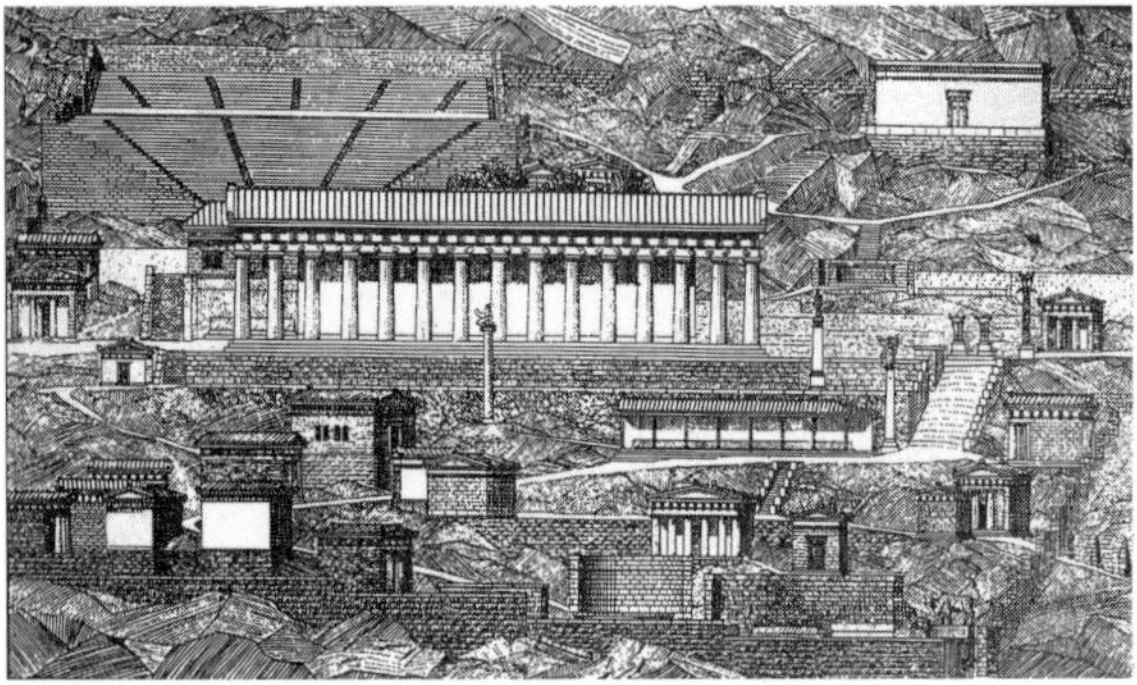

図39　デルフォイ（ギリシア）、神域復元図。右下からジグザグに登る参道が中央のアポローン神殿に導き、その上に屋外劇場と競技場が見られ、参道に沿っては宝庫が奉納されていた。この構成がグエル公園正門からの大階段、ドリス式列柱廊、その上の屋外劇場兼競技場の広場の構成と一致している

ディアは、グエルの何らかの示唆に対するガウディの回答であったに違いありません。利潤の追求でもなければ、生活に不可欠なものでもないこの公園は、ある意味で無用の長物、なくてもよいものです。単なる「郊外の整備」に莫大な資金を投ずる行為は、正にパトロンのそれと言えるでしょう。

第6章　サグラダ・ファミリア贖罪聖堂が着工されるまで

聖堂建立のために献金した人々とは

一八八二年に着工されたサグラダ・ファミリア聖堂には、その前の一六年にわたる前史があります。産業革命がもたらした最大の負の遺産の一つは貧富の差です。科学の発展は、一方で産業革命を生み、他方で神の存在に疑念を抱かせ、宗教心の低下を招きました。貧困に苦しむ人々の中には、産業革命がもたらした諸悪の根源は宗教心の薄らいだ不道徳な世相にあると考え、それを正すにはカトリック信者たちが本来の信仰心に目覚め、神に祈る必要があるとして、こう言います。

「(カトリック) 教会は祈ること、……苦難と試練のこの時代に熱意をもって祈ることを勧める。……聖人たちは天と地を取り持つ強力な仲介者であり、彼らの仲介により人類の惨めさを救うための神の慈悲が注がれる。聖母マリアはすべての聖人たちに君臨す

図40　ジュゼップ・マリア・ブカベーリャ（1815-92）

る座にあり、その清純な夫、……イエス・キリストに父と呼ばせたホセ《ヨセフ》も、彼女と共に特別な影響力を持つに違いない。……サン・ホセにすがろうではないか。カトリック教会の庇護《ひご》のもと、社会のため、彼に尊い加護を嘆願しようではないか」

こうした主旨に従い、バルセロナの宗教書の出版と書店を経営するブカベーリャ（図40）は、一八六六年「サン・ホセ帰依者の精神的協会」（以下、「聖ヨセフ《サン・ホセ》信心会」）を設立し、協会員を繋《つな》ぎ合わせる唯一の媒体として機関誌「サン・ホセ帰依の布教」を出版します。スペイン語で書かれたこの機関誌はバルセロナやカタルーニャだけを対象としたものでなく、全スペイン語圏、すなわち、スペインのみならず、中南米からフィリピンまでもが対象になります。物理的な本部も本堂も、あるいは執行部のような組織もなく、あるのは書店とその店主と顧問の神父のみです。会員に課せられた義務は五項目。

一．毎日主に祈り、われわれの庇護と教会と教皇の加護を聖ヨセフに祈願すること。

二．協会の会員章を胸に下げること。

三．すべてのお祈りで、教会と教皇の要求が満たされるよう、また会員と故会員のために祈願すること。

四．イエスとマリアとヨセフに宿る一つの魂、一つの考えに参与するよう、すべての慈善行為を同胞の慈善行為に合体すること。

五．聖なる家長ヨセフへの帰依布教を自らの義務とすること。

この信心会は教会や修道会、あるいは公共団体や強力な経済団体などが組織する協会ではなく、財力も権力もない貧しい人々の民間団体に過ぎません。しかし、会員数は順調に伸び、二年後に三万、三年後に七万、そして四年後の七〇年一一月には二〇万に急伸し、その二年後の七二年には四〇万と倍増し、バルセロナの人口約三〇万を遥《はる》かに超えます。実は、七〇年にローマで開催された第一回バチカン公会議で聖ヨセフをカトリック教会の守護聖人とする決定が下され、同年一二月にその教皇令が公布されたことによる聖ヨセフへの帰依ブームが会員数の急増に貢献していたのです。それ故、他のカトリック諸国でも聖ヨセフに捧《ささ》げた祭室や聖堂が建設されたり、計画されたりします。地元カタルーニャのマニャネット神父が聖ヨセフに捧げた贖罪《しょくざい》聖堂の建立《こんりゅう》を六九年に提案したのも、また信心会創設者のブカベーリャが聖ヨセフを家長とする聖家族《サグラダ・ファミリア》に捧げた聖堂の建立を七一年に抱いたのも、同じブームが背景にあったからでしょう。そして、会員数の急増が一段落した七四年四月の機関誌で、教皇の賛同を得たローマでの聖堂建立計画やパリでのモンマルトルのサクレ・クール設計コンペを引き合いに出しながら、会員が一堂に会し聖ヨセフに祈願できるサグラダ・ファミリア聖堂の建立を提案します。

しかし、聖堂建立の提案をしたものの、貧しい会員たちの協会ですから、土地も財源もありません。それ故、翌七五年に具体的な聖堂計画案を発表し、その建設が可能な敷地を探すことから始めます。その計画案とは、ブカベーリャが感銘を受け、聖堂建立を思いついたナザレの聖母マリアの家が祭られているロレート（イタリア）の聖堂「聖なる家《サンタ・カーザ》のバシリカ」のイミテーション（図41）です。会員たちから献金も届くようになりますが、余りにも少額で建設地購入には遥かに及びません。建設地の寄贈者も出現しますが、その人の急死でこの申し出も水に流れます。財源不足から敷地の獲得に少なくとも三回失敗した後の八〇年一月、業を煮やした会員が、「全ての協会員たちが毎月最小限の金額六センティモ（〇・〇六ペセタ）の布施をすること」を提案します。貧しい会員たちには、一度に高額の献金はできないにしても、タバコの本数や飲む酒の量を減らし、毎月、小額の献金ならできるであろうという提案です。三ケ月後の四月号から機関誌に献金者名とその額を掲載した「サグラダ・ファミリア聖堂月間献金表」の項目が常設され、聖堂の財源システムが確立します。

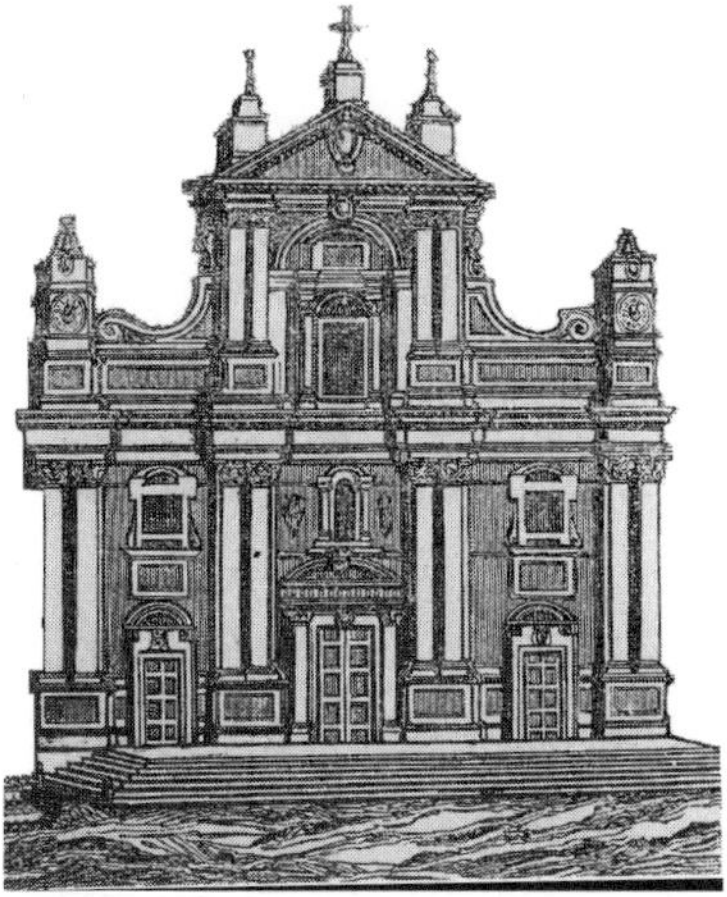

図41　聖なる家のバシリカ、サグラダ・ファミリア聖堂初期案（ブカベーリャ、ロレート、1875）

このシステムは経済的に恵まれた人々から献金を募る方法ではなく、貧しい人々が自らの生活を犠牲にしてまで神に救いを求め、聖家族に捧げた聖堂建立のために献金する方法ですから、正しく

「贖罪」にふさわしい献金方法でしょう。キリスト教での贖罪とは、「人々の罪をあがない、人類を救うためイエス・キリストが十字架にかかったとする教義。転じて、何らかの犠牲を通して罪などを償うこと」を意味します。だからこそ、一八八一年、現在の建設地を購入した時にも、この聖堂が「贖罪聖堂」であることを明らかにし、それを正式名称にします。この贖罪理念こそ、ガウディの自らの指針とした理念ですし、後にこのように語っています。

「サグラダ・ファミリア聖堂は贖罪の聖堂である。このことは、この聖堂が犠牲によって培われなければならないことを意味する。犠牲によって養われることができないならば、聖堂は脆弱《ぜいじゃく》な作品になるであろうし、完成されることもないであろう」

赤字続きの中、建設は続けられた

聖堂の建立提案をしてから三年後の七七年三月、ガウディが未《いま》だ建築学校に在籍し、ビリャール教授の事務所でアルバイトをしていた時、教授は提案されている贖罪聖堂の設計・監理の無料奉仕を申し出ます。バルセロナ司教区の建築家という公職にあったことがこの申し出を促したに違いありません。ブカベーリャ提案の計画案が実現可能な広さの敷地を購入していたのですが、八二年三月に着工された聖堂はビリャールのオリジナル案でした。当初はネオ・ビザンティン、もしくはネオ・ロマネスク案（図42）、後にネオ・ゴシック案に変更されます。

図42　サグラダ・ファミリア聖堂、着工時に公表された最初の計画案（ビリャール、1882）

キリスト教聖堂は神の家ですので、最高位の永遠の建築、すなわち大きなブロックに整形された切石を積み上げる切石積みの建築にすべきと、ビリャールは考えます。しかし、この方法では手間もお金をかかりますので、ブカベーリャは友人の建築家マルトゥレイの助言を受け、見えるところは切石で被覆し、中身の本体は経済的な野石を積み上げる組積造にすることを要請します。他の建築家の助言を受けた素人の要請にビリャールは憤慨し、辞任します。この経緯からマルトゥレイは初代建築家を後継するわけにもいかず、自分のところで助手として働き、その才能を十分に発揮していたガウディをブカベーリャに推薦します。その結果、着工から一年半後の八三年一〇月、ガウディは二代目の建築家に就任します。

この聖堂建築家への就任はガウディの人生に二つの重要な意味をもたらします。一つは、建築家の資格を取得した後もアルバイトをしなければならない経済的状況下で、定収入の道が確保され、精神的安定が得られたに違いないこと。もう一つは、ガウディも「大きな聖堂を任されること以上に建築家は何を望み得るであろうか」と言ったように、建築家にとって最上の仕事であったことです。

しかし、この聖堂は順風満帆に建設が進んだわけではありません。借金をして敷地を購入し、赤字のまま建設を進めているのです。ブカベーリャの初志貫徹の強い意志がなければ、存在し得ない聖堂です。このことは表5（折れ線が総工費、棒グラフが献金総額）を見れば明らかです。黒字の期間は一八九〇年代とガウディ他界後の一九二八年以降のみで、着工から九〇年代、特に一九一〇年頃からガウディ他界までは赤字財政が続

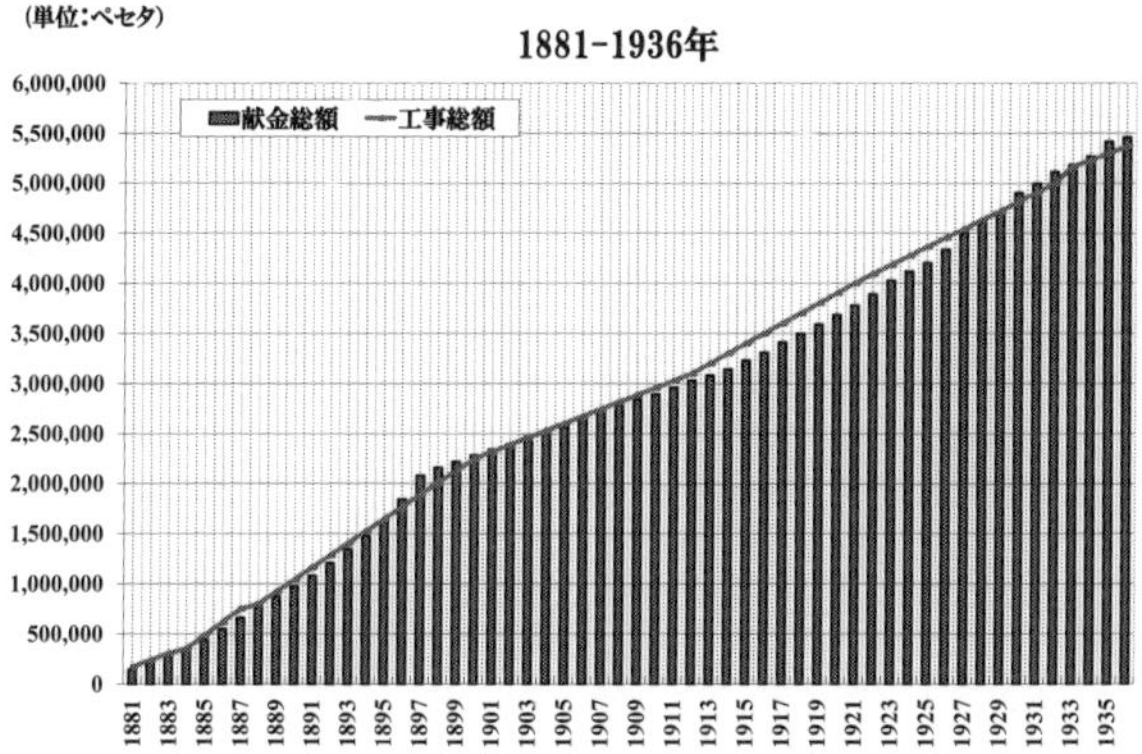

表5　サグラダ・ファミリア聖堂、献金総額（棒グラフ）と工費総額（実線）変遷

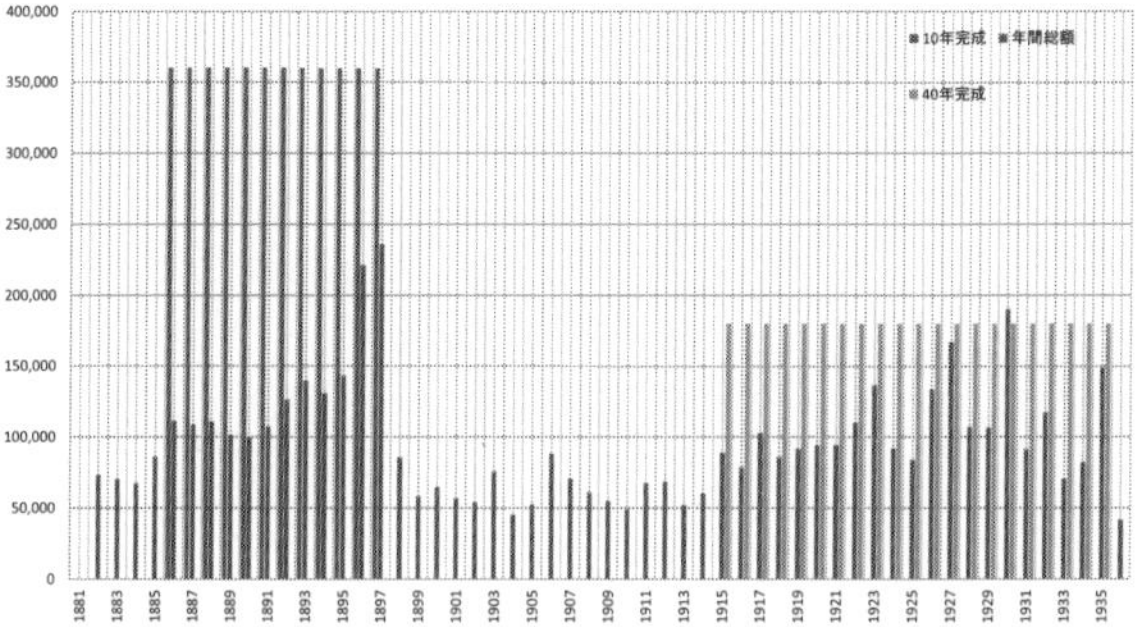

表6　サグラダ・ファミリア聖堂、年間献金総額変遷、および10年と40年で完成するための条件となった年間献金総額との比較（単位はペセタ）

きます。建設が続行できたこと自体が不思議なくらいです。しかし、誰もが物事の完成を目指してそれに着手するように、ブカベーリャとその後継者たちも、自分たちの手で聖堂を完成させるという気持ちでしたし、だからこそ、赤字財政の中でも我慢し、建設を続行できたのです。ガウディとて、最初から「神はお急ぎではない」とか、「神が聖堂の完成をお決めになる」とか、あるいは「聖ヨセフがこの聖堂を完成させるでしょう」などと達観していたわけではありません。

例えば、一八八六〜八七年の機関誌で八回にわたり、月々三万ペセタの献金が集まれば、一〇年で完成させることを約束していますし、一九一五年には月額一万五千ペセタの献金を条件に四〇年以内に完成させることを公言しているのです（表6）。残念ながら、一〇年案では一度として条件の額に達することはなく、四〇年以内で完成させる条件については一九三〇年に一度だけ条件を満たしますが、既にガウディ亡き後で遅きに失しますし、焼け石に水でこの一年のみでは好転するはずもありませんでした。

もちろん、これらの完成の約束や公言は会員たちの夢を壊すことなく、献金の努力を促すことが目的でしょうが、一〇年で完成する約束は、少なくとも自分たちで完成させることを目的にしていたはずです。この夢が破れ、ガウディが完成を諦めるのは一九世紀末のことでしょう。一九〇〇年、後述（一五二頁）するマラガイはこう記します。

「この聖堂の建設に一生の命以上のものを捧げている男（ガウディ）が、その完成を見ようともせず、後の世代の人々に建設の継続と完成を託していることを私は知っている」

この二ケ月後、ガウディもこう表明します。

「（聖堂の完成を）望んではいない、なぜなら、そう望むべきでないからだ。こうした作品は長期間をかけて生まれるべきだし、長ければ長いほどよい。……一人の人間の作品は必然的に脆弱にならざるを得ないし、生まれたときに死んでいる」

「降誕の正面」誕生

聖堂の機関誌が初めて赤字財政を公表するのは、一九一二年のことです。赤字を公表しても、聖堂に対する高い評価に影響を与えることはなく、逆にその高評価から、赤字を公表することで献金者の増加につながることが期待できる状況にあったからです。しかし、実際は着工から一八八八年まで赤字財政が続き、この年から翌八九年にかけ建設を中断し黒字化を図っています。それ故、最初に着工した地下礼拝堂《クリプタ》が完了しても、その完成式典は開催されることはありませんでした。その間も以前と変わらない献金が集まっていますから、財政は初めて黒字化し、九〇年には、地下礼拝堂の上部構造、すなわち主祭壇が置かれ内陣となる聖堂頭部の外周壁が着工されます。そして、九三年に「降誕の正面《ファサード》」の掘削と基礎工事が始まります。

この聖堂の平面（図43）は、キリスト教の象徴である十字架の十字形であり、ラテン十字と呼ばれる軸木よりも横木の方が短く、四世紀以来の長い伝統に従う典型的なキリスト教聖堂の平面形です。一般に、軸木は東西に配置され、交差部から東側を聖堂頭部（「キリスト磔刑像《たっけいぞう》になぞらえて「頭部」）と呼び、主祭壇を中心とする内陣が設けられます。西側を身廊（「身体」）と称し、信者用礼拝部になり、メインの入口が来る西端が大正面（「足部」）、もしくは西を向くことから西正面とも呼ばれます。横木（「腕」）は、当然ながら、南北を向き、交差部から北側を北翼廊、南側を南翼廊と呼び、各端部にもサブの入口が設けられ、それぞれは南正面、北正面と命名されます。身廊部が大規模になると、アーケードにより三分割、もしくは五分割され、前者なら三廊式、後者なら五廊

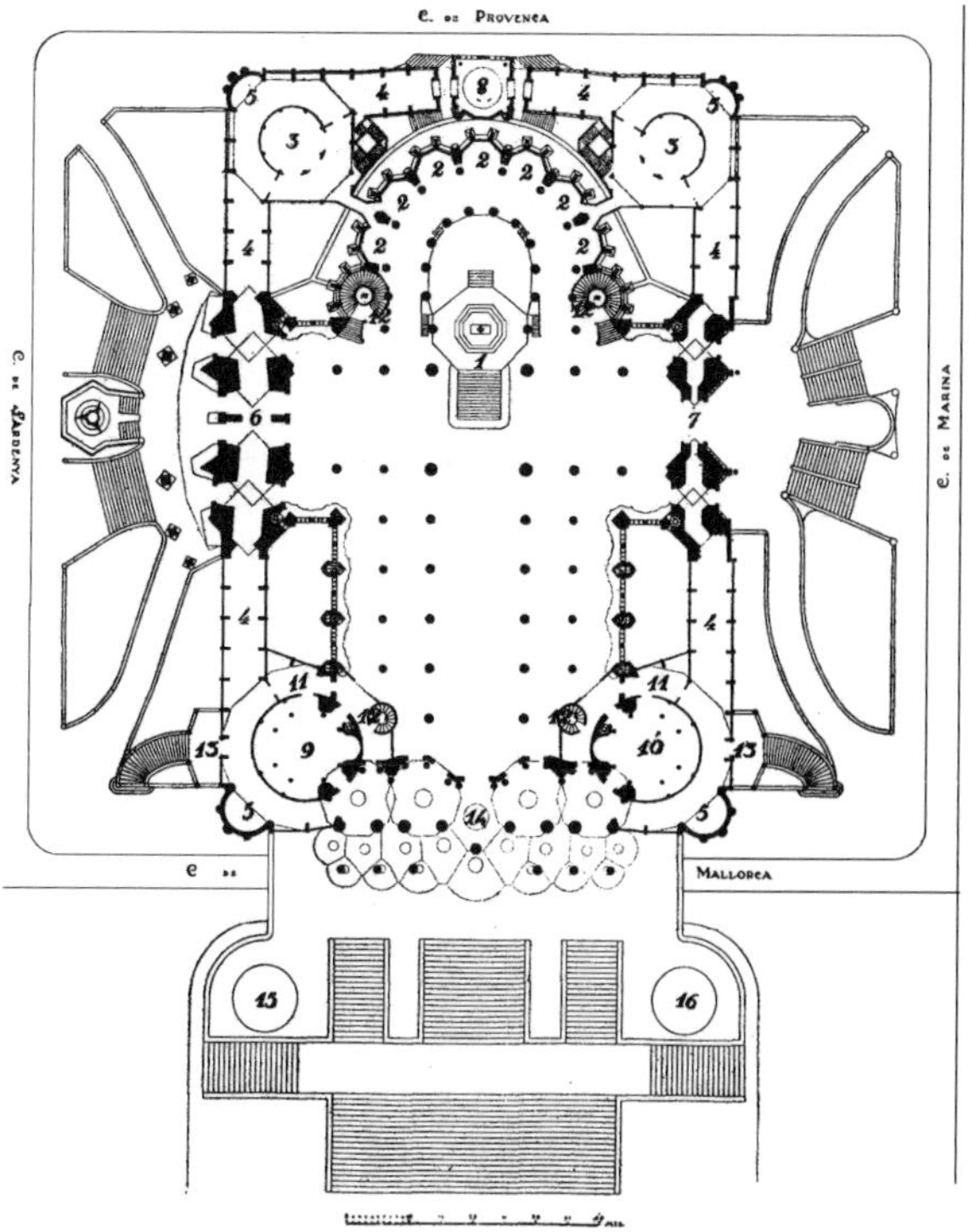

図 43　ガウディによるサグラダ・ファミリア聖堂の平面図最終案。1929 年公表

式と呼び、いずれも真ん中を主身廊、両側を側廊と呼びます。したがって、サグラダ・ファミリア聖堂は、五廊式ラテン十字の平面形になります。

ただし、この聖堂は、敷地の方位、また初代建築家ビリャールの計画により、十字の軸木は東西軸になく、聖堂頭部は北西、大正面は南東を向くことから、ガウディはこれを北と南に読み換え、翼廊の向きを東西と考えます。したがって、三つの正面は東、南、および西を向くことになり、日の生まれる東正面を「降誕の正面」、日の燦々《さんさん》と輝く南側の大正面を「栄光の正面」、そして日の没する西正面を「受難（死）の正面」と命名する考えがガウディに生まれ、それぞれの名称をテーマとするファサードのデザインを考えることになります。

したがって、「降誕の正面」とは東（北東）翼廊の正面であり、イエス・キリストの生誕（イエスは神であるから、「降誕」と呼ぶ）と幼少年時代に捧《ささ》げ、その聖書の記述を浮彫や彫像群を含む造形で視覚的に説明する「石のバイブル」にふさわしいファサードです。一九一五年、この正面について、ガウディはこう述べます。

「献金と聖堂の将来については神意が決定を下すであろう、なぜなら、サグラダ・ファ

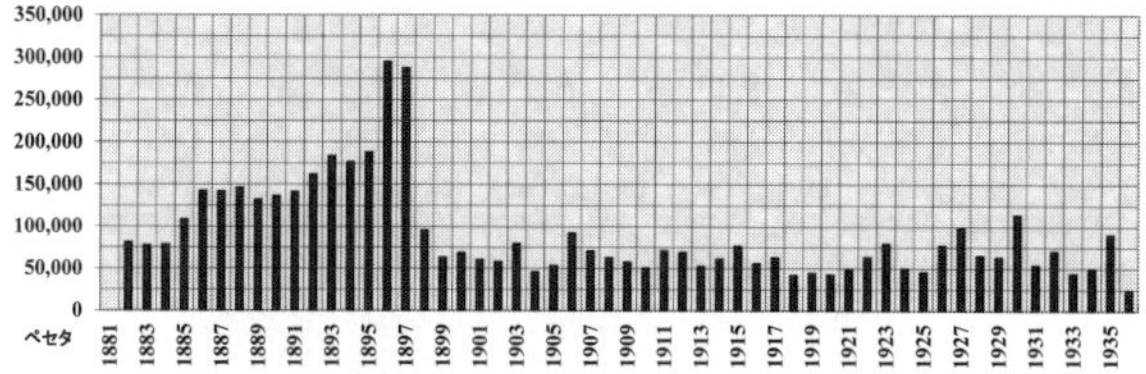

表7　サグラダ・ファミリア聖堂、年間献金総額の変遷（1904〜05、07、12-13年の物価指数を100とする）

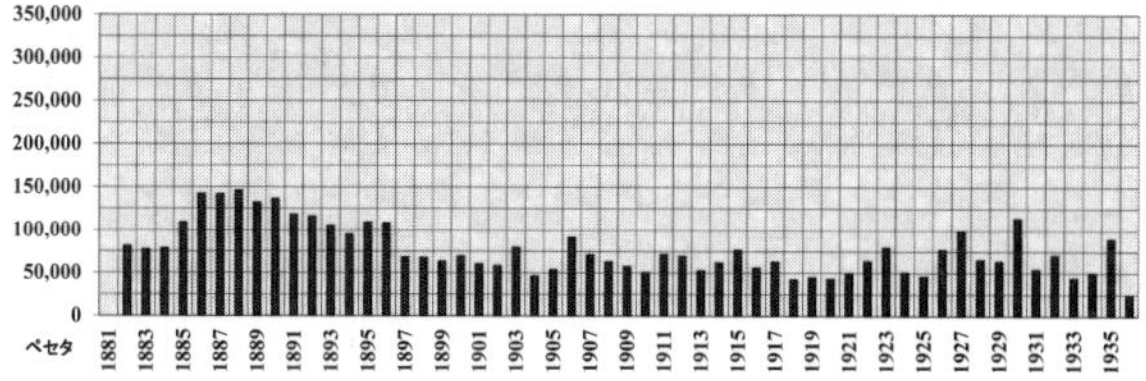

表8　サグラダ・ファミリア聖堂、イサベル夫人の遺産を除く年間献金総額の変遷（前表と同じ物価指数を100とする）

ミリアではすべてが神の御意向に従っているからだ。最初からそうであり、今完成しようとしている（降誕の）正面が着工されたとき、一人の御夫人が七〇万ペセタの寄進をした。この献金が最初に考えられていた慎ましい計画案を最上級のものにすることを可能にした」

この寄進（表7・8）は一八九一年七月から九八年二月まで続き、その総額は約六〇万ペセタで、ガウディの記憶とは多少異なりますが、この聖堂の地下礼拝堂の完成までに要した建設費（敷地購入費を含む）が七〇万ペセタであったことや、同時期の献金総額一〇九万ペセタの

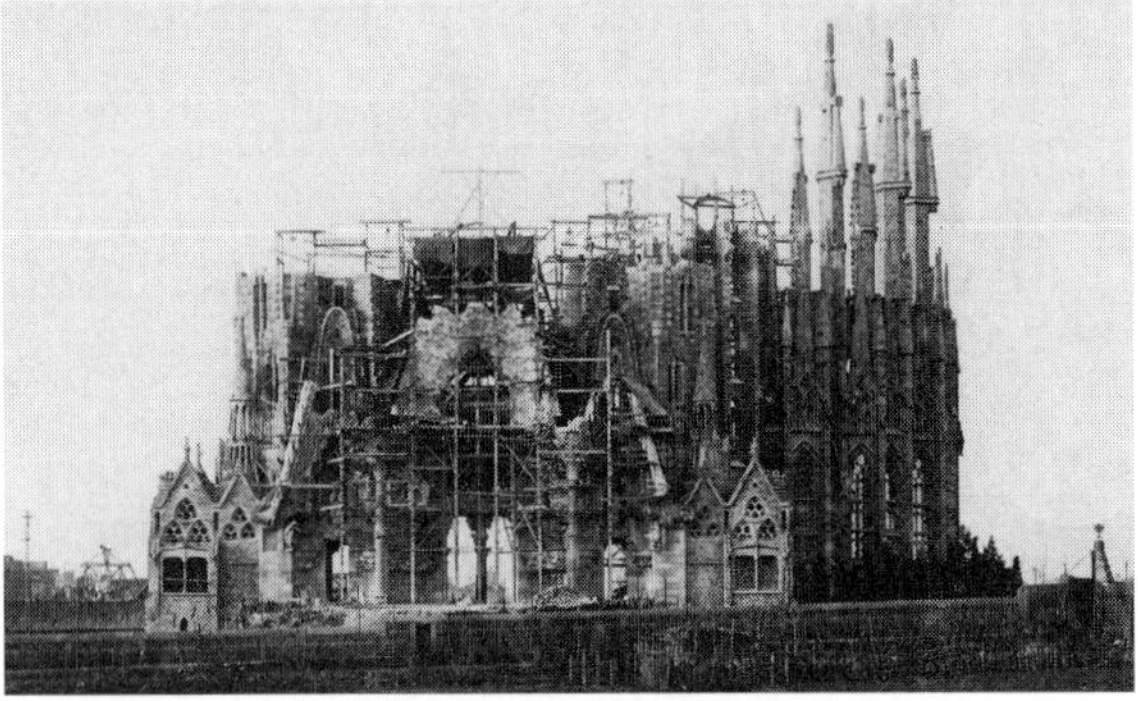

図44　サグラダ・ファミリア聖堂「降誕の正面」、1898年建設状況、中央扉口上部の白色部は実物大の石膏模型

五三%に相当したことや、九八年に完成したバルセロナ大聖堂大正面の建設費が九五万ペセタであったことからも、いかに巨額であったかが想像されます。しかも、最後の献金が届いた九八年（図44）、「降誕の正面」のデザインはすべて完了したと機関誌は伝えています。すなわち、夫人の寄進があったからこそ、聖堂の規模を拡大し、巨大な「降誕の正面」を計画し着工することができ、このファサードの出現でサグラダ・ファミリア聖堂はなくてはならない存在になっていきます。

この寄進者については次の伝聞があります。ある日のこと、イサベルという名の夫人が建設中の聖堂を訪れ、自分の守護聖人に捧げた祭壇の建設費を寄進したいと申し出ます。これに対しガウデ

イは、

「建設に協力したいというあなたの気持ちは嬉《うれ》しいのですが、しかしここでは、サグラダ・ファミリアに奉るという考えですべてがなされていますからね。聖イサベル《エリザベト》なら、イエスを洗礼したヨハネの母親として聖家族に関係付けることができます」

と答えると、

「いいえそうではないのです、ハンガリーの王妃イサベルなのですが……」

と夫人は言う。

「そういうことでしたら、あなたの申し出を受けることができません」

とこの会談は実を結びません。しかし、イサベル夫人は遺産を聖堂に寄進したいという遺言を残して他界し、その遺産は建設の進行に合わせ月々分割して寄進されることになります。

このイサベル夫人が何者であるのかは、今日に至るまで明らかにされていません。しかし、グエル《グエイ》夫人も長女もイサベルであり、またグエル館中央ホールには父ジュアン・グエルの「夫人イサベル」の胸像が設置されていましたし、さらには同ホールを飾る大きな油絵の一つは「ハンガリー王妃聖イサベル」をテーマにしているのです。この王妃は罹災《りさい》民や貧民の救済に献身したことで知られ、カトリック博愛事業の総保護者とされています。すなわち、二代目グエル家のモットーが困った人・貧しい人の救済にあることを表明していることになります。

サグラダ・ファミリア聖堂は貧しい人々の貧しい人々のための聖堂であり、彼ら自身の力で建立しているものです。これには大金持ちの大献金はそぐいません。そのためでしょう、グエルはこの聖堂に関しその名を出すことは決してありません。ただし、この聖堂理念は後述するように変化を来し、スペインの内戦（一九三六～三九）で被害を受け、ストップしていた工事を再開させ、今日に繋げることができたのは、グエルの甥《おい》と孫が前面に出て貢献したからに他なりません。

ガウディの聖堂

「降誕の正面」の出現でサグラダ・ファミリア聖堂の存在は決定付けられ、それ以降の聖堂は「ガウディの聖堂」として知られるようになって行き、「聖ヨセフ信心会」の本堂という本来の使命が忘れ去られていきます。その過程は次章で見ることにしますが、その前に、建設中断の最大の危機に陥り、そこからの脱出でガウディが聖堂の実質的オーナーと呼べるような存在になったことを見ておきます。

一九一二年に赤字の存在を初公表し、二年後の一四年には赤字額が二万五千ペセタに達していることを発表します。この時代の年平均の献金総額（六万四千ペセタ）の四〇％に相当します。ブカベーリャとその娘夫婦が相次ぎこの世を去り、孫たちが幼いこともあり、一八九五年には建設委員会が創設され、一九一四年時の会長に司教、副会長に聖堂の司祭、会計にブカベーリャの孫、書記に後輩の建築家（マルトゥレイの甥）、委員に親友リモナ兄弟（彫刻家と画家）や自動車会社のオーナー社長などが就いていました。同年一月の委員会に、当時既に建築界の権威であったガウディが乗り込み、こう発言します。

「これら（建設現場）の職人たちを解雇するならば、後になって、既に建設された部分の修理に労力と資金を費やさなければならないことで作品が被る損害の他、建設再開の折、優秀な職人たちを集めることができないという不都合もある。というのも、……彼らの代わりに入ってくる職人たちが七〇mとか、八〇mとかいう高さで働くことに慣れているとは思えないからだ」

しかし、万策尽きた委員会は同年一一月建設の中断を決定します。その翌日、ガウディの有名な会見が新聞に掲載されます。

「私には家族もいないし、果たす義務もない。お世話になったクライアント（顧客）たちの仕事を手放し、新しい仕事も断った。聖堂からの報酬はもちろん受けていない。サグラダ・ファミリアという作品以外には働く気になれないし、聖堂のためでなければ、何一つ望むことはない」

一九一四年は第一次世界大戦勃発の年です。グエル公園の建設は中断し、コローニア・グエル教会堂の建設は一六年まで続き中断しますが、この一四年以降、建設現場からガウディの姿は見えなくなりますし、新たな作品も手掛けていません。

この間（一九一四〜一五年の冬を中心とした九ケ月間）、建築界の大御所ガウディは、見知らぬ家への献金請いの戸別訪問をしています。戦争で不景気風が吹く中、ガウディは面倒な訪問者として冷たくあしらわれ、献金に応じる家はほとんどありません。ブカベーリャの孫がこのガウディの戸別訪問に同伴した時の様子を次のように記しています。

「ある日のこと、われわれは大富豪の共同経営者とのアポイントを取った。そのうちの一人はわれわれを待ち受け、手に何も持たせずに帰らせることなどあるはずがないと思っていた。しかし、もう一人の方はそうなるだろうと危惧していた。この後者が最初にわれわれと会見したのだが、推測したようにまったく無駄であった。その後、われわれに好意を持っているはずのもう一人と会見した。こちらは礼儀正しくわれわれの訪問を喜び、年老いて最近は病を患っているガウディ自身が会いに来てくれたことに心を痛めてくれた。ガウディはいつものように適切な言葉で目を輝かしながら彼に語った。しかし、全くの期待外れだった。この友人の若者はガウディの説明一つずつに次のような一言一句変わらない言葉を繰り返すだけだったのだ。『聖堂を高く評価し、ガウディさん、あなたを大変尊敬しています。今日のことは決して忘れません。今は望むこと何一つできないのです。可能になったら、必ず』と」

この訪問から一年以上過ぎた一六年、大富豪の従業員がガウディに直接封書を手渡しに来ます。封書には銀行小切手のみで、誰からのものか、使用目的は何か、それらを示す書類は一切ありません。これが聖堂建設史上最大の八〇万ペセタの献金です。小切手には支払人の署名があったにもかかわらず、献金者名は公表されず、今日に至るまで明らかにされていません。その後、同一人物から同じ方法で、前回より少額の小切手が届きます。しかし、建設委員会はこれらを「備蓄基金」として銀行に温存します。このマイナス思考の対処法が現在までの建設の継続を可能にしました。なぜなら、三六年に勃発したスペインの内戦で聖堂は破壊されて建設は中断、戦後の国情は最悪の状態にあり、修復できるような経済状況にはなかった時期に、それを可能にし、建設を再開できたのは、国外の銀行に預けられていたこの「備蓄基金」があったからです。

二枚の小切手の総額は恐らく百三十万ペセタ、宛名は建設委員会ではなく、ガウディですので、ガウディの存在が聖堂を救ったことになります。イサベル夫人の時と同じく、今回の送り主の名も外に漏れてはいません。これほど厳しい緘口令《かんこうれい》を敷くことができるのは、唯一グエルのみでしょう。繊維産業は大戦初年度こそ不況に陥りますが、中立を守ったその後のスペインは、日本が朝鮮戦争で特需を得たように、好景気に恵まれます。そして、二年後に逝去するグエル（図51）の最後の贖罪として献金がなされたのでしょう。

第7章　サグラダ・ファミリア聖堂に専念

サグラダ・ファミリア聖堂以外の仕事はしたくないという一九一四年の宣言通り、それ以降のガウディは聖堂に専念します。建設続行のための献金請いの戸別訪問は、建築家の職務から遥《はる》かに逸脱した行為です。しかし、建築家として大成したガウディにしてみれば、そうせざるを得ない状況に追い込まれていたのです。「私のしていることは課せられた義務であり、義務以上の何物でもなく、果たさなければならない」と、ガウディも表明しているのです。すべての私欲を捨て、報酬も受け取らず、唯一「神の家」である聖堂のために生きる姿は、容易に聖人像と重なります。それ故、教皇庁からガウディを「聖人」として公式に認めさせる前段階の手続きが今なお進められています。晩年のガウディが、なぜそうした状況に追い込まれたのかを本章で見ることにします。

ガウディの断食

ガウディはカトリック国スペインの教会で洗礼を受け、修道会の組織する学校では中等教育の規定科目の他、宗教やキリスト教史を学び、ミサや祭典などの行事にも参加していますから、キリスト教と全く無縁であったとは考え難いでしょう。また、建築学校で共に学んだ仲間からも、

「宗教心はごく普通であったと思う。宗教を悪く言うことも、それに反発する姿も見たことがない」

との証言があります。

しかし、建築家としてデビューして間もないころ、卒業してからサグラダ・ファミリアの建築家に就職するまでの助手時代、公の役職に就き、「エレガントな服装を好み、上流階級と積極的に接触し、快適な生活、良質な調度、美酒美食、タバコを愛した」と言われた時代、ガウディは当時の流行であったカフェでのインテリ連の集いの常連で、ドゥメナク・イ・ムンタネーの証言によれば、反カトリックのグループの一員として信心深い善良な信者たちをからかっていたと言います。火のないところに煙は立たない、

ではないですが、この証言を全否定できる資料はありません。

このガウディが聖堂の建築家になります。私は与《くみ》しませんが、「キリスト教を知らなければ、ガウディ建築は理解できない」と実しやかに言われます。しかし、キリスト教を理解しなければ、キリスト教聖堂は設計できないでしょう。なぜなら、キリスト教を理解するとは、聖堂の機能を理解することを意味するからです。自らの無知に悩んだあげく、ガウディはその道のプロに助言を求めます。バルセロナ大聖堂近くのサン・フェリペ・ネリ教会堂の司祭パルス神父です。

「『キリスト教暦』を読みなさい。年間の教会儀式がどのようなものであるかが分かるでしょう」

と助言され、この『教暦』の他、『ローマのミサ書』、『司教の典礼儀式書』、さらにはフランスのゲラジェ神父著『典礼儀式暦』など、聖職者の専門書の愛読者になります。すなわち、キリスト教聖堂でどのような儀式がどのようになされているかを知るための書物です。その結果、晩年のガウディは聖職者以上の知識を持つようになり、典礼に関し時には神父たちを困らせることにもなります。

図45　ガウディ、1894年春の四旬節断食（オピッソのスケッチ）

もちろん、これは一九一四年以降の晩年の話で、どの時点でこうした境地に達していたのかは不明です。この境地に導いた一つの事件が一八九四年の春に起こります。キリスト教最高の教理は、人類を罪（原罪）から救うため、イエスがその生贄《いけにえ》として十字架で処刑され、三日後に復活する（生き返る）ことにあります。これを記念する祭典が復活祭です。この復活祭前の四〇日を「四旬節」と呼び、過去の罪を悔い改め断食することが義務付けられていました。ガウディはこの教理に従い断食に入ります。しかし、断食を解こうとはせず、助手たちとの打ち合わせはベッドでなされ、顔面は蒼白《そうはく》、体は見る見る痩せ細り、家族も助手たちも死を恐れるようになります。

ガウディの一生で知られている唯一の断食（図45）

です。なぜ、九四年なのでしょう。八三年以来、建築の仕事は順調です。処女作のカサ・ビセンスとキハーノ邸、同時期に着工されたフィンカ・グエル（グエル別邸《ヴィラ》）、そしてグエル館、同時期のテレサ学院、さらにアストルガ司教館（口絵12）も着工され、九三年には、レオンのボティーネス館（口絵13）が竣工《しゅんこう》し、コローニア・グエル教会堂の最初の計画案とタンジール計画案が完了しています。しかし、この二つの計画案は着工されず、アストルガ司教館も、同郷の司教グラウ神父亡き後、司教総代理、及び修繕委員会との見解の相違を調整できず辞任します。これら二つの計画案と司教館はカトリック教会に関わる宗教建築であり、最大限の努力をしたものの、計画案は着工されず、司教館は未完に終わります。同じ九三年、「降誕の正面」が着工され、そのデザインを終えるのに九八年までの五年を要す複雑な設計であったことを考えると、過重労働に陥っていたことは間違いないでしょう。とするならば、一方で、宗教建築の仕事がすべて行き詰る精神的ダメージ、他方で、過重労働からくるストレスや肉体的疲労、特に後者の疲労回復のため、「四旬節」を利用し、安易な気持ちで断食に入ったのかも知れません。しかし、断食を続けるうちに、教会のために最善を尽くしたにもかかわらず、結果

図46　ジュゼップ・トーラス・イ・バジェス（1846-1916）

が得られないという理不尽さ、何のために生きているのかという大問題に向き合ったのかも知れません。

　いずれにしても、ガウディは断食を解こうとしません。父親も助手たちも万策尽きて、知り合いのトーラス・イ・バージャス神父（図46）に助けを求めます。トーラスは、九二年出版のカタルーニャ主義の理論書『カタルーニャの伝統』の作者、翌年創設され、ガウディも所属する『サン・リュック美術協会《サルクラ》』の顧問、九九年にはビックの司教に選出され、ガウディが所属し、栄光の第一秘蹟「キリストとの復活」の建設費を負担する「モンセラー聖母信心会（精神的連盟）」を創設します。一九〇〇年、たばこの値上げに憤慨した司教とガウディはお互いに禁煙を宣言し、司教逝去後の一七年には、サグラダ・ファミリア聖堂「受難の正面」最終案の脇に司教に捧《ささ》げたモニュメント（図47）を描きます。このトーラス神父がガウディを諭します。

図47　サグラダ・ファミリア聖堂、受難の正面、最終案（ガウディ、1917）、左端にトーラス神父のモニュメントが描かれる

「よき友アントニ。

　自らを痛めることは、永遠の栄光に達するために常に勇敢で価値ある行為だが、だからと言って、このように自らを虐げることはない。

　人生ははかなく、すぐに去ってしまうものだ。

　だから、人間は自らの意思でなく、神の意志によって命をたたなければならない。

　特にあなたの場合、そうしなければならない理由がある。

　この聖堂は、神の望みにより、またキリスト教徒たちを精神的に養う目的で着工されたものであり、あなたは、この聖堂を完成させるという現世での使命を受けているからだ」

ガウディは悟ります。自分の使命、生きている証《あかし》は、サグラダ・ファミリア聖堂を完成させることだ、と。

この境地から「降誕の正面」の誕生が可能になったと言えるでしょう。これ以降のガウディ作品には、たとえ民間建築であったとしても、必ず十字架が設けられるようになります。この行き過ぎたケースがカサ・ミラです。二階をオーナーの住宅、上階を賃貸マンションとするこの複合建築を、ガウディは聖母マリア像の台座として計画したのです。しかし、マリア像の設置段階でオーナーの反対に合い、ガウディは建築家の権利が踏みにじられるとして、裁判沙汰にもなっているのです。

また、この九四年を境にガウディの生活様式が一変します。「最後の晩餐《ばんさん》」でイエスがパンを「わたしの体」、ワインを「わたしの血」と言って弟子たちに取らせたことを記念する礼拝集会、すなわち朝夕のミサと祝祭日の大聖堂でのミサに列席するようになります。それまではミサへの参加はガウディの日課にはなかったのです。

「生まれつつある聖堂」

ガウディがガウディになるために不可欠な存在は、第一に、パトロンのグエル、第二に、建築家の師マルトゥレイ、第三に、精神的支柱トーラス神父（図51）、そして、第四に、ガウディの生き様を決定づけるカタルーニャの大詩人ジュアン・マラガイ（図48）でしょう。ガウディと同じく「モンセラー聖母信心会」のメンバーであるマラガイは、一九〇〇年一二月サグラダ・ファミリア聖堂（図49）への初めての賛歌「生まれつつある聖堂」を新聞に掲載します。

図48　ジュアン・マラガイ（1860-1911）

「バルセロナ北の郊外、……オアシスに咲く石の花の如く聖堂が建ち上がりつつあるのを見るであろう。

　樹木がゆったりとした威厳さを持って成長するかのように、それはひとりでに建ち上がって行くかのように見える。……

　そこに近づく人は、何世紀も前から存在する巨大な廃墟《はいきょ》の一部だと思い驚くことであろう。だが、あの明らかに廃墟と思えるものが実はそうではなく、生まれつつあるものの壮大さだと知るなら、久遠《くおん》なるものの喜びでその胸は満たされよう。

　聖堂は、高さと規模がどのようになるのかを隠したまま、時とともにより高く、より大きくなって行こう。……

　これが生まれる前、誰がこうなろうと夢に描いたであろうか。着工の財源を、誰が調達したのであろうか。この大きな石の塊を、誰が構想したのだろうか。誰が、建立しているのか。いかなる命が、この創造に費やされているのであろうか。これらすべての疑問にたった一つの言葉が答える。それは信仰だと。……

　生まれつつある聖堂は既にひとつの扉口（玄関）を持つ。……この扉口は何かしら素晴らしい。建築ではない、建築の詩なのだ。人間による建築物には見えない。大地

図49　サグラダ・ファミリア聖堂「降誕の正面」、1900年建設状況

や岩山がその不活性から活性を得ようとしているようであり、無言の石の塊に、天と地にある像、姿、象徴の意味を表し、それらを描き出しているように思える。

それは、『降誕祭』という歓喜を言いよどむ石の塊である。そこでは、大地の最下級の生き物が天の御使や、樹木の枝葉や、深遠な洞窟の鍾乳石《しょうにゅうせき》や、もっとも高貴な信念を表す神秘的な象徴とともに、それらが眠っていた不定形の石塊に打ち勝ち、そこから生まれようとしている。……そこにあるすべてが、イエス、生まれたばかりの赤子を、いつも生まれつつある永遠の赤子を見つめているように思える」

親なら誰しも、子供の生まれたときの喜びを知っています。それが人類の救世主の誕生となれば、いかほどでしょう。この計り知れない喜びを「降誕の正面」は表現していると読み、すべてが生まれつつあり、すべてが生まれたばかりの赤子を見ていると、この建築造形を解き明かします。そして、ガウディのことをこう述べます。

「終りなき形成の何という喜びであろうか。この聖堂の建設に一生の生命《いのち》以上のものを捧げている男が、慎み深くも、その完成を見ようともせず、後世の人々に建設の継続と完成を託していることを私は知っている。この慎み深さと自己犠牲のしたに、神秘主義者の夢と詩人のとぎすまされた楽しみとが脈動しているのだ。なぜなら、一人の生命《いのち》よりも長い歳月を要する作品に、また、将来の幾世代もの人々がつぎこまなければならない作品に、その人の全生涯を捧げること以上に、さらに意味深く、より美しい目的があるとでもいうのであろうか。こうした仕事が一人の男にどれほどの安心をもたらすことであろうか、時と死に対する何というさげすみであろうか、永遠に生きることの何という保証であろうか」

一八九四年にトーラス神父が「聖堂を完成させるという現世での使命を受けている」とガウディを諭したのに対し、一九〇〇年のマラガイは、完成できない作品に生涯を捧げること以上に意味ある人生があるのか、それは絶対的な時の流れと避けることのできない死を貶《おとし》める行為であり、人間の究極の願望である永遠に生きることに繋《つな》がると言い、聖堂を完成させることよりも完成できない聖堂に身を捧げることの方がより尊いと示唆するのです。われわれはひょっとすると、完成するサグラダ・ファミリアよりも未完のサグラダ・ファミリアの方に夢を感じ、ロマンを感じるのはこのためかも知れません。

実際はイサベル夫人の遺産があるうちは、聖堂の完成を夢見ることができましたが、九八年に遺産が底を突き、献金の増加が望まれなくなると、完成どころか建設の中断の方が現実味を帯びるようになります。この現実がガウディの心境を変えたに違いなく、マラガイはその心境の変化を尊いものと肯定し、ガウディの生き方を一歩前進させたといえるでしょう。

「神の使者」・「カタルーニャの天才」

マラガイはこれでは終わりません。一九〇五年、「降誕の正面」の建設は中断し、その上に聳《そび》え始めた鐘塔《しょうとう》に建設は集中します。理由は財政が緊迫しており、少ない材料でも建設が進んでいるように見せるためです。この状況を憂い、同年一月、マラガイは聖堂に行くことを勧めます。訪問して聖堂を知れば、献金するようになるだろう、と考えたに違いありません。

「なぜ、諸君らの……だれ一人として、そこ（聖堂）に行こうとしないのか。行ってみなさい、何度も行くことを勧める。そこでは素晴らしいことを語ってくれる金髪の顎鬚《あごひげ》をたくわえた男（ガウディ）に出会うことだろう。新しいことではないが、知っていたことを知らないでいた素晴らしいことを話してくれる。なぜなら、日の当るところに新しいことは何もないものの、よく見れば、すべては常に新しく、観察力鋭く謙虚な目にはすべてが語り尽くされることがないからだ。謙虚さをもって熱心に観察してきた人の言葉には、ものごとの本質を匂わせる何かがある」

ここには、ガウディとの会話を楽しむマラガイがいます。しかし、詩人の思惑とは異なり、献金は一向に増える気配がありません。同年一一月、遂に堪忍袋の緒が切れたマラガイは有名な賛歌、物乞いの常套句《じょうとうく》をタイトルにした「御慈悲のお恵みを！……」を発表します。

「古代のローマ市民がそうであったであろうように、私はしばしばバルセロナ市民であることに高い誇りを持つことがある。しかし、時にはそうであることを恥じることもある。今、私はそうした恥を感じているのだ。

サグラダ・ファミリア聖堂を作っているあの男が私にこう言う。建設を続行する資金が底を突きつつあり、布施が減っている、と。……

サグラダ・ファミリア聖堂は、バルセロナにおけるカタルーニャの理想の記念碑（モニュメント）であり、どこまでも上昇しようとする信仰の象徴であり、高きもの

（神）への切望を石化したもの、そして、（カタルーニャの）国民の魂を映し出す像（イメージ）である」

全スペイン語圏を対象とした「聖ヨセフ《サン・ホセ》信心会」の本堂であるはずの聖堂が、バルセロナの聖堂、カタルーニャの記念碑にすり替えられています。これは建立主旨の忌々《ゆゆ》しき転換です。それほどこの聖堂に感銘を受けたことの証でしょうし、また、カタルーニャに負わせた方が資金調達しやすいと考えたのかも知れません。そして、「神の使者」であるガウディを「カタルーニャの天才」と規定します。

「あの作品には天命的な兆のあることを見なければならない。……バルセロナ市がその物理的拡張を始めたとき、旧市街のとある店の薄暗い奥から、大きな理想を抱いた小さな男が現れた。彼の理想は、新しい大聖堂の建立だった。そして彼は、些細《ささい》で手間のかかる仕事に取り掛かり、極小の布施で輝かしい工事に着手した。……芽吹いた種子が大地を起こし、苗が光を求めて地表に現れたその時、神の使者として、もうひとりの男、あのヴィジョンを抱いた夢想家が出現した。……聖堂に隠れた夢想家は、自らの理想を石に織り上げて行き、聖堂はそれらの石を生み出した命、すなわちカタルーニャの命の鼓動とともに建立される。なぜなら、あの男はカタルーニャの天才であるからだ。……近い将来、バルセロナはあの聖堂の都市になるであろうし、聖堂はあの都市の聖堂でしかあり得なくなるであろう。両者は永遠に切っても切れない関係になろう」

と、現在の状況を見事に予言します。そして、

「聖堂を作っている男（ガウディ）は、それを作りながら、同時にわれわれ（カタルーニャ人）自身をも作っていることを悟るべきだ」

と、その真理を明らかにし、建設を中断させることは自殺行為に等しいと言うのです。

このマラガイの賛歌により、「カタルーニャの魂」という聖堂理念が一般化していき

ますし、カタルーニャ人によるカタルーニャの聖堂という排他的な、マラガイが断罪する「カタルーニャ人のケチ根性」が垣間見られるようになります。残念ながら、マラガイの恐れは的中します。前出の表8に見られるように、献金は一向に増えないのです。

サグラダ・ファミリア聖堂完成予想図

マラガイはカタルーニャを叱咤《しった》激励《げきれい》するばかりでなく、ガウディにも檄《げき》を飛ばします。

「時は流れ、天命を受けた彼もやがては死ぬ。……彼は言う、大した問題ではない、聖堂は何世紀もかかるのだから、と。しかし、私は思う。その完成ヴィジョンをわれわれに示さぬ限り、彼には死ぬ権利はないと。そのヴィジョンは時代のヴィジョンであり、われわれがその時代であるからだ。ヴィジョンがあれば、後は、次世代が時代に合わせ完成させることであろう。もしわれわれのケチ根性がため、後世に未完のヴィジョンを遺したまま彼に死ぬ権利を与えたとしたら。もしわれわれが、未完の聖堂に終わった未完の市民であると、歴史にその名を刻まれたとしたら。未完の聖堂の市

図50　サグラダ・ファミリア聖堂完成予想図「実現された夢」、日刊紙『カタルーニャの声』（1906年1月）に初公表（ガウディ称賛者により作成される）

民、と人は言おう。これはカタルーニャ人たちのケチさゆえの貧困なのだ。詩人（ガウディ）の汚名はカタルーニャを前にして消え去ることはないであろう」

ガウディの助手ルビオーは「マラガイは正しい」と新聞に論稿を掲載するのみならず、翌〇六年三月、聖堂の完成予想図を雑誌に発表します。その二ケ月前、すなわち、マラガイの賛歌から二ケ月後の一月、今日の聖堂外観に直結する完成予想図（図50）が新聞に初めて公表されます。この時以来、聖堂の全体構想をまとめることがガウディの使命になります。

最後に、マラガイはとんでもない要求をガウディに押し付けます。

「なぜガウディは、日中の街に出て、片手に帽子を差し伸べ、すべての人々に聖堂への布施を声高に請わないのか。できることなら、私はそれを見たい。これらの人々が、あまりにも慎重なわが市民が、崇高なこの狂気沙汰を前にして、ついには気が狂い、預言者の行く手に後光が差すかのような逆上情況のなかで、胸や腕から宝石をはぎとり、裏ポケットから紙幣を取り出し、貧しい人はその貧しさを、子供らは玩具を与えるであろう。この狂気沙汰が度をませばますほど、聖堂はさらに高く、さらに大きくひとりでに建ち上がって行くと思う。……最後にこう言って君を奮い立たせたい。真昼の通りに出て、『神の愛による御慈愛のお恵みを！』と声高にガウディが叫ぶことを」

マラガイ亡き後の一九一四年、「マラガイが私にお布施を請えと言ったのは正しかった。寓話《ぐうわ》と思えたことが、実はそうではなく、現実だった」と、ガウディは会見場で告白します。この年の冬を中心とした九ケ月間の献金請い戸別訪問は、間違いなくマラガイの要望に応えるものでしょう。この時の中断危機では、建築学校を中心とした学生たちが立ち上がり、献金活動のキャンペーンが張られており、あらゆる意味でガウディも行動に出るしかなかった状況にあったのです。この時のガウディの言葉が、「人は境遇(環境)にしたがって生きなければならない。……境遇は、天が人に命ずる天命である」なのです。

図51　「降誕の正面」前でグエル（左）とトーラス神父（右）に説明するガウディ（オピッソの素描）

第8章　唯一無二のガウディ建築

様式の時代から折衷主義の時代へ

世界各地にはそれぞれの言語があり、方言があります。同じ言語でも時代により変化します。各地各時代にはそれぞれの言語があると言えるでしょう。建築にも言葉があります。造形言語とか建築言語とか呼ばれる言葉です。各地各時代で異なる造形言語が独自の建築様式を形成します。古代エジプト、古代ギリシア、古代ペルシア、あるいは古代ローマには独自の造形言語よりなる独特の建築様式が見られます。東ローマ（四～一五世紀）のビザンティン様式、西欧中世のロマネスク様式（一〇～一三世紀）やゴシック様式（一二～一六世紀）、近世のルネサンス様式（一五～一六世紀）やバロック様式（一七～一八世紀）は、他とは異なる各自の建築言語を持つからこそ、様式として設定することができます。

紀元前五世紀のギリシア人が作る神殿は、誰が作ろうと、同じ様式のギリシア神殿です。二世紀に最大の領土拡張に成功した古代ローマは、地中海を取り巻く帝国であり、当時の建築はレバノンであれ、チュニジアであれ、スペインであれ、どこであれ、同じローマ建築なのです。一一世紀のフランスやスペインなどの西洋人が教会堂を建設しようとすれば、それはロマネスク建築になり、一四世紀なら、ゴシック建築になったのです。すなわち、一八世紀までの様式建築の時代は、建築造形を決定する主体は人ではなく、各地の時代にあったのです。日本も同様で、一九世紀後半の明治に入るまでは時代が主体であったことは、神社仏閣や城郭の変遷を見れば明らかでしょう。もちろん、同じ様式内でも良し悪しがあります。この良し悪しは、その建築に携わった人々の個人的力量に負います。したがって、各地の時代が建築様式を決定しているとはいえ、優れた作品には、制作者の個人的努力が不可欠になります。

一八世紀後半に出現する近代歴史学と産業革命は一九世紀の建築を一変させます（表9）。過去の歴史を研究することにより、ギリシア・ローマ以外の様々な歴史建築の存在が明らかになり、蒸気船や汽車の出現により人と物の移動が容易になった結果、地球

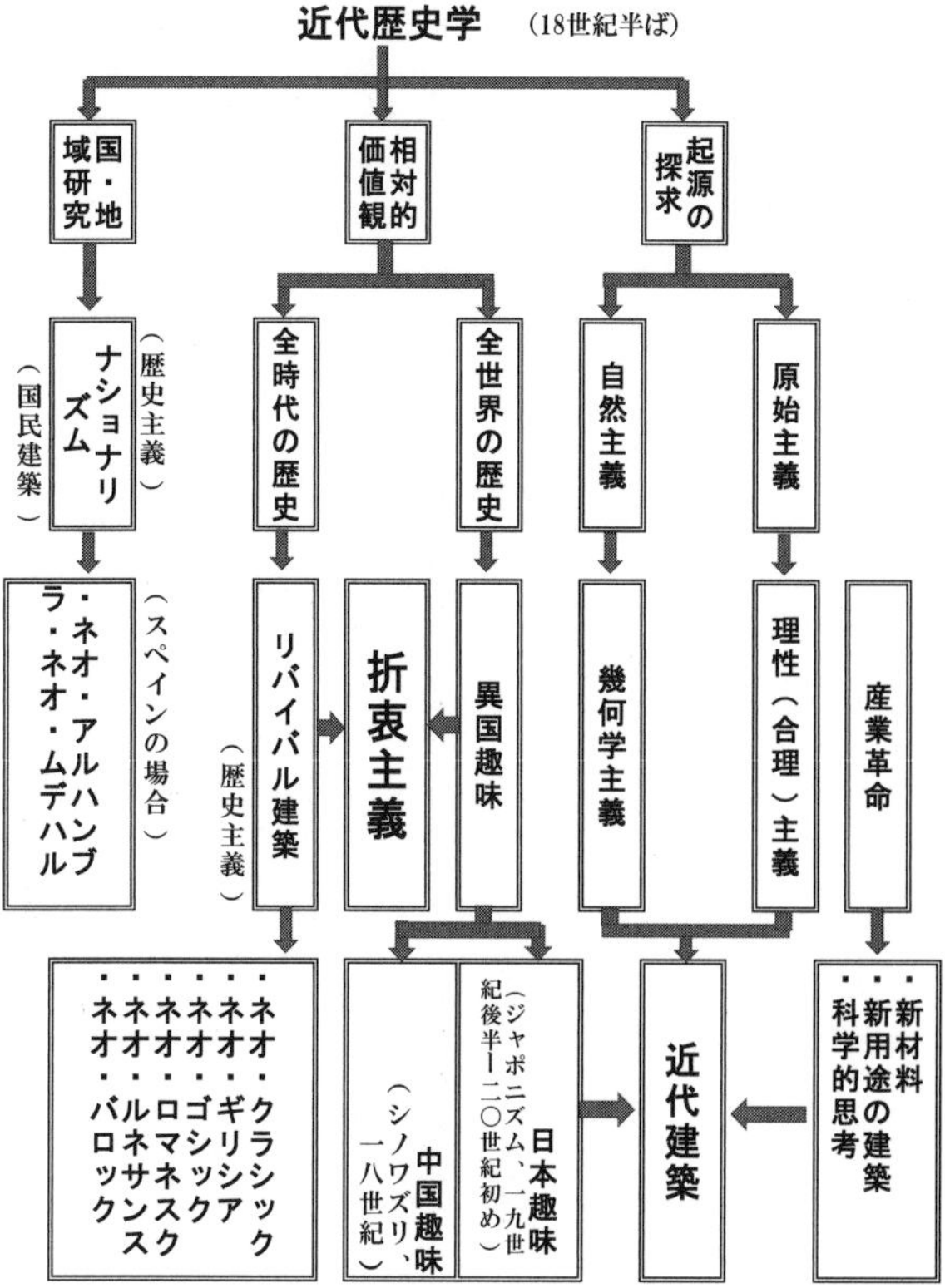

表9　19世紀から20世紀初めにかけての建築の流れ

上のアジア・アフリカ、あるいはイスラーム圏を含む異国の建築情報も西欧に届くようになります。過去を知り、世界を知ることにより、各時代、各地域には他とは比較できない固有の価値があるという相対的価値観が生まれます。中世のロマネスクやゴシックもギリシアやローマとは比較できない価値を持ち、中国やエジプト、インド、あるいはイスラームにも西欧文明とは相違する独自の文明があるという考えです。歴史の探求や他世界での見聞で得られた情報は価値ある新しい情報、すなわち新資料になります。資料に基づき考察し、制作するのが人の常です。こうした新資料から新しい建築が生まれます。過去の歴史建築を資料にすれば、歴史主義の建築、いわゆるリバイバル建築と呼ばれる「ネオ（新）」の付く、例えば、ネオ・クラシック（新古典）、ネオ・ギリシア、ネオ・ゴシックなどが導かれ、異国の建築情報からは異国趣味の建築、中国やインドやペルシア、あるいはイスラームに着想を得た建築、最後には日本趣味のジャポニズム建築などが出現します。

一九世紀はまた、ナショナリズムが台頭した時代でもあります。これにより国や地域の歴史が研究され、この歴史研究からナショナリズムに拍車がかかります。西欧各国は他国とは相違する独自の建築を歴史の中に探求し、それに基づく歴史主義の建築を国民建築とします。イタリアならルネサンス、フランスならルイ一四世時代のバロック、スペインなら他の西欧諸国に見られないイスラーム建築のアルハンブラ、あるいは中世のロマネスクやゴシックとイスラーム建築との融合から生まれたムデハル建築などがそれぞれの国民建築と見なされ、ネオ・ルネサンス、ネオ・バロック、ネオ・アルハンブラ、あるいはネオ・ムデハルの新建築が誕生します。

これまで述べてきた歴史主義の建築、異国趣味の建築、そしてナショナリズムの建築、これらすべては過去の歴史建築を参照していますから、すべてが歴史主義の建築でもあります。この歴史主義の建築では、設計者、つまり建築家が主体です。様式建築が建築家を支配・限定しているのでなく、建築家が参照すべき様式建築を選んでいます。この建築家が一つの様式建築ではなく、様々な様式から建築言語を取捨選択し新しい建築をデザインするようにもなります。これが折衷主義の建築です。

他方、情報量が多くなればなるほど、歴史の研究は起源の探求へと向かいます。現在なら、人類の起源、地球の起源、さらには宇宙の起源の探求がそれに当たります。一九世紀初め、歴史建築の知識や異国の建築情報の蓄積から「建築史学」が誕生し、そもそも建築はどのように生まれたのかという起源の探求に向かいます。この結果、起源は自然にあるとする自然主義、あるいは、原始時代の住まいにあるとする原始主義、さらには必要最小限の壁、柱、屋根よりなる小屋にあるとする合理主義などが主張されます。セザンヌが自然を「円筒、球、円錐《えんすい》」の単純な幾何学で捉えることを推奨したように、自然造形の基礎に幾何学を見たり、あるいはギリシア神殿の造形の根本に円筒、正方形、三角形などの単純幾何学のあることを主張したりして、自然主義や原始・合理主義から幾何学主義にも進みます。こうして出現した合理主義・幾何学主義に従い、産業革命で生まれた鉄やガラス、さらに鉄筋コンクリートなどの新材料を導入し、造形的には一九世紀後半からの異国趣味ジャポニズムなどの影響をうけ、近代建築が導かれてきます。

歴史主義の建築も折衷主義の建築も、歴史建築の造形言語でデザインされた建築です。後者の折衷主義では、参照した多様な様式建築の造形言語に、自然造形や幾何学造形を組み合わせることは容易です。なぜなら、過去の建築装飾の多くが自然をモチーフとした自然造形や幾何学を組合せた造形からできているからです。また、建築の構成要素である柱、壁、梁《はり》、アーチ、窓、天井、屋根などが円筒や円弧、正方形や三角形の幾何学造形から成っていることも事実です。したがって、この同じ折衷主義で、過去の建築言語を排除し、自然造形主体の建築にすれば、自然主義の建築になります。また、自然造形も退け、純幾何学造形にすれば、幾何学主義の建築になります。すなわち、歴史主義、自然主義、幾何学主義、これらすべての建築は、折衷主義で捉えることができ、この折衷主義が一九世紀から二〇世紀初めの建築であったと言えます。後述しますが、この折衷主義こそ人間に可能な唯一の創作方式であることも忘れてはならないでしょう。

ガウディ建築の変遷

〈歴史主義〉

ガウディ建築もまた、時代の流れに従い歴史主義、自然主義、幾何学主義に変遷します。ガラッフの狩猟用別荘計画案（図29）や翌年着工の処女作カサ・ビセンス（図52）とキハーノ邸『奇想館《エル・カプリッチョ》』（口絵4）、及び同時期のフィンカ・グエル（グエル別邸《ヴィラ》、図53）は、ナショナリズム建築のネオ・ムデハルです。この流行は一八七三年のウィーン万博スペイン館と翌年の旧マドリード闘牛場（図54・55）を初期例とし、トレドのレンガと野石積みのムデハル建築を参照したもので、スペインの国民建築と提唱され、マドリードを中心にするものです。トレド工芸学校（図56）などは、レンガ積み装飾に彩色タイルが組み合わされ、ガウディが助手を務めたマルトゥレイのサレーサス修道院（図22）や前掲のガウディ作品を思い出させます。ドゥメナク・イ・ムンタネーの処女作シモン・イ・ムンタネー出版社やガウディの同僚オリベラスとカスカンタの作品も同じ系列に属します。カタルーニャはまた、経済的で強固なレンガ造の伝統的工法を持ち、優

図52　カサ・ビセンス（ガウディ、バルセロナ、1883-85）

図53　フィンカ・グエル、厩舎外観（ガウディ、バルセロナ、1884-87）

図54　マドリード旧闘牛場はネオ・ムデハルの代表的作品（E. ロドリーゲス・アユーソとL. アルバレス・カプラ、マドリード、1874）

図55　同上、アルハンブラを参照した鋳鉄円柱

図56　トレド工芸学校、ネオ・ムデハル建築（A. メリダ、トレド、1882）

れた職人たちに恵まれていたことも忘れてはなりません。レンガ造のサンタ・テレサ学院（口絵7）も同傾向を受け継ぎ、八八年バルセロナ万博の大西洋横断社館《トラサトランティカ》（図35）はネオ・アルハンブラ建築です。ガウディは若き日の覚書をこのアルハンブラ宮殿の考察から始め、晩年になってもこのスペインの至宝を熱く語っています。この宮殿の内部空間の構成手法は処女作二作やアストルガ司教館に反映され、グエル館の内部空間（口絵10・11・図78）は、ゴシック・ルネサンス的、あるいは人によってはヴェネツィア風とも呼ばれる外観からは想定できないアルハンブラでの手法（図57・58）で構成されています。

図57　アルハンブラ旧王宮、諸王の間（グラナダ、14世紀）

図58　グエル館2階主要階、居間から食堂の連鎖空間（ガウディ、バルセロナ、1886-90）

図59　ボティーネス館（ガウディ、レオン、1892-93）

図60　アゼ・ル・リドー城（フランス、1518-27）

図61　ガウディによるランス大聖堂大正面と「降誕の正面」との比較図（1917年公表）

アストルガ司教館とレオンのボティーネス館（図59）は一五～一六世紀のゴシック・ルネサンスのフランス・シャトー建築（前者はラ・ロシュフーコー城、後者はアゼ・ル・リドー城、図60）を参照し、サグラダ・ファミリア聖堂の地下礼拝堂と聖堂頭部外周壁は初代建築家ビリャール案を継承するネオ・ゴシック、ガウディ・オリジナルの三扉口構成の「降誕の正面《ファサード》」は、フランスの、例えば、同じ三扉口構成のランス大聖堂（一三世紀）大正面をより縦長にして上昇性を強調したネオ・ゴシックを構成の基本とします（図61）。カサ・カルベート（口絵15）はネオ・バロック、そしてベリャスグアルトのフィゲーラス邸（口絵16）はカタルーニャ・ゴシックを参照し、グエル公園の「市場」（口絵18）、ドリス式列柱廊は明らかにネオ・ギリシアです。

一八九二～九三年の否定し難い歴史主義の時期に、純幾何学造形のタンジール計画案

（図79）が生まれています。モロッコのタンジールを拠点とするスペイン・フランシスコ会は、全アフリカ大陸を対象としたカトリックの伝道を教皇庁より託された組織です。当時の歴史建築の研究は「各地、各時代の建築は、その地域、その時代にふさわしい建築であった」を導き、これは建築家たちの共通認識になっていました。カタルーニャ主義が顕在化する時代、その理念的指導者であり、ガウディを断食から救ったトーラス神父は、個性（独自性）、地方性、および普遍性を芸術の三大特性だと言います。ガウディはアフリカ・ミッションにふさわしい建築を探求します。当時の唯一貴重な資料が、バルセロナ出身の密使による「アリ・ベイ旅行記」でした。五年間の半分以上をモロッコに滞在した後、メッカを目指しエジプトから中近東を巡る旅行記です。その研究者が幼馴染《おさななじみ》のトーダ、そして旅行記のカタルーニャ語版が一八八八〜八九年にガウディ愛読の新聞の付録になり、九二年にはその図版集がバルセロナで出版されます。この図版の一枚、ナイル沿岸の「多数の鳩舎塔《きゅうしゃ》よりなる村」（図79）を見出し、ガウディは計画案を練っているのです。参照した対象がよく知られた歴史建築ではなく、一般には知られていない特殊な原始的建築という違いはあっても、過去を参照し、その造形言語である

「パラボラ形」を基本としたこの計画案もまた、歴史主義の作品ですし、この計画案から派生したガラッフのグエル酒蔵（口絵14）も歴史主義に含めることが可能です。しかし同時に、放物線《パラボラ》という純幾何学形を主要要素としていることから、幾何学主義の作品とも呼べます。

〈自然主義〉

他方、ガウディは早い時期から過去の建築装飾を参照するのでなく、そうした装飾が作り出された手法を参照し、自然を装飾に写すことを常套手段《じょうとうしゅだん》にしています。例えば、カサ・ビセンスの室内装飾の蔓草《つるくさ》や鉄柵の棕櫚《しゅろ》の葉、キハーノ邸の塔を支える円柱の柱頭装飾、あるいはフィンカ・グエルの門柱先端の黄金のりんご（オレンジ）、サグラダ・ファミリアの聖堂頭部外周壁先端部の植物装飾やガーゴイル（雨水落し口）の爬虫《はちゅう》類《るい》（ヘビ、トカゲ、カエル他）などです。この最たる例が「降誕の正面」（口絵2）です。聖書で語られているイエスの誕生と幼少年時代の場面を視覚的に表現し、それを伝えることがこのファサードの目的、つまり主機能です。それを壁画やステンドグラスのような絵画ではなく、石を素材とした浮彫と彫像群で表現する正に「石のバイブル」の制作になります。そうした浮彫や彫像を抽象的な表現ではなく、誰もが理解できる写実的な表現、すなわち自然をそのまま写す自然主義に徹します。古代ギリシアの素晴らしい彫刻の基礎には実物の象《かたど》りにあったことを根拠に、植物、動物、そして人体までもが石膏《せっこう》で象られ、塑像が作られます。当時、ピカソの友人となるオピッソはガウディの下働きをしており、降誕の歓喜を告げるラッパを吹く天使像のモデルにされ、生石膏を顔面に

図62　サグラダ・ファミリア聖堂「降誕の正面」、左（海、南）側の「望徳の扉口」、「エジプトへの逃避」彫像群（ガウディ、バルセロナ）

塗られ、それが乾燥するときに発生する高熱で死ぬ思いがしたと述懐しています。また、「エジプトへの逃避」（図62）のロバを象った時のエピソードは、ガウディの説明を受けたシュバイツァーの自伝に語られています。塑像から実物大の石膏像が

図63　カサ・ミラ石膏模型（縮尺1／10）（ガウディ、バルセロナ、1906-10）

つくられますが、浮彫はファサード全面に刻まれていますから、ファサード自体の実物大石膏模型（図44）が制作され、実際の場所に設置・検証・修整されて後、その石膏モデルに基づき石工が切石に写し刻みます。このファサードでは、石工が彫刻家や装飾彫刻家の役割を担っているのです。もちろん、石膏モデルの制作まではガウディの女房役、模型室長の彫刻家リュレンス・マタマラが担当します。こうした手法によりファサード装飾の一貫性と経済性が得られています。

「降誕の正面」は歴史主義ネオ・ゴシックの建築構成であると同時に、その主要目的である装飾は自然主義です。この石膏模型から切石に写すという手法が建築造形それ自身に応用されます。カサ・バッリョ（口絵22）とカサ・ミラ（口絵24）のファサードがその好例です。縮尺一〇分の一の石膏模型（図63）から石工により切石に刻み写され、所

図64　人工洞窟。左よりサマー公園（フンサレー、カンブリス、1881）、侯爵館庭園1（マルトゥレイ、コミーリャス、1880？）／キハーノ邸庭園（ガウディ、コミーリャス、1883-85）

定位置に設置されることで波打つ造形が生まれているのです。その造形原理は浸食から生まれる自然造形にあります。当時は自然洞窟発見の時代で、洞窟はブームになっていました。庭園での人工洞窟、オペラや演劇での洞窟の舞台装飾、キリスト生誕や昇天の聖窟、あるいはルルドの洞窟、当時可能になった最大のアトラクション施設「海底の洞窟」、すなわち強固な板ガラスと、大量の水の交換を可能にするモーターによって水族館が生まれ、水温を保つために地下に設置されたことから海底洞窟の水族館が流行します。

ガウディは助手時代、シウタデーリャ公園「落水館」内部の人工洞窟（図16）建設に関わり、コミーリャスではマルトゥレイが侯爵館庭園に人工洞窟を作り、ガウディもキハーノ邸庭園に小さな人工洞窟（図64）

をデザインしています。マタロ労働組合社の文学・音楽祭では会場を「ニンフの洞窟」風にアレンジし、「降誕の正面」はイエスの生まれた聖窟、モンセラーの栄光の第一秘蹟はイエスが埋葬され昇天した聖窟です。また映像館「サラ・メルセー」は洞窟風の映像ホールとその地下のアトラクション施設（降誕の聖窟を連想させる）「ファンタスティック洞窟」で構成されていました。グエル公園では当時のカタルーニャで最古の動物化石が埋もれていた貴重な自然洞窟が着工時に発見されたこともあり、洞窟造形がこの公園の主要テーマになっていますが、人工洞窟の方は未完で終わっています。そして、カサ・バッリョ（口絵19〜23）は、ファサードが海面と海に洗われた洞窟、内部空間は海底洞窟（図65）、カサ・ミラの外観はマリア像の台座として、岩山に洞窟が刻まれた造形（図66）になっていますが、これはピレネーの岩山のルルドの洞窟に出現した聖母や、同じく岩山のモンセラーの聖窟で発見されたカタルーニャの守護聖人の聖母像を想起させます。ルベルト博士のモニュメントは山の洞窟を街中に移動したものと評されてもいます。

図65　海底の洞窟。上：パリ万博水族館（1878)、下：カサ・バッリョ、オーナー住宅階の広間と食堂（ガウディ、1904-06）

図66　断崖の洞窟。上：カサ・ミラ（ガウディ、バルセロナ、1906-10)、下：断崖の洞窟群を利用した「旧先住民修道院」跡、スペイン最大の週刊画報図版（大カナリア島ギア、1898）

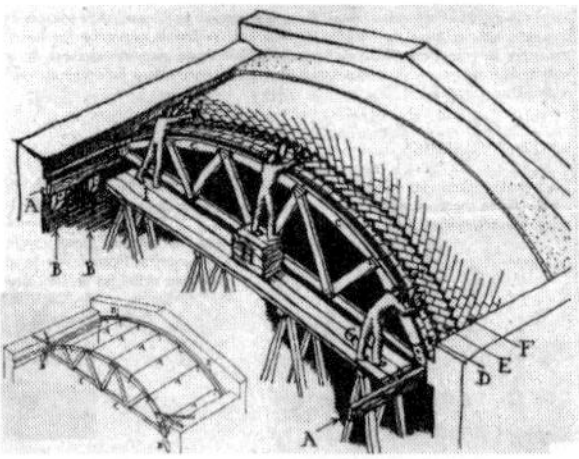

図67　カタルーニャ式（レンガ造薄版）ヴォールト工法

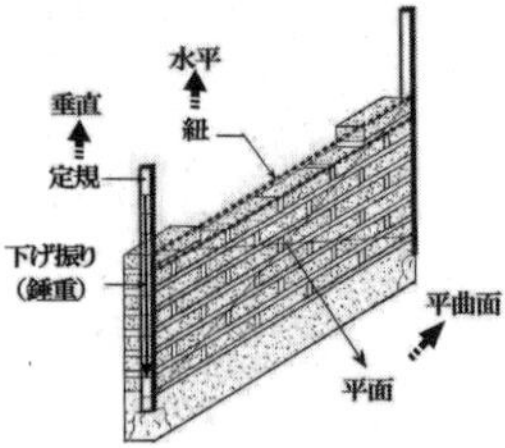

図68　レンガ造壁の工法

〈幾何学主義〉

カタルーニャの伝統的工法にレンガ造薄版ヴォールト（曲面屋根・天井、図67）があります。この工法は、二cmほどの薄いレンガと地元産の良質で強固な石灰モルタルを材料とし、望むヴォールトの曲面と平行にレンガを置きながら架構する特徴を持ちます。普通では考えられない工法ですが、良質な石灰モルタルがこれを可能にします。レンガという安い材料の上に、型枠を不要とする工法ですので、極めて経済的です。しかし、何もないところでレンガを積むわけにはいきません。ある意味で、レンガは点です。点の集合体はいかなる形にもなりますが、点自らは形を持ちません。形を作るための指針が必要です。点から線を作るには、二点を結ぶ線上に万遍なく点を並べればできます。その直線を平行移動した軌跡は平面になります。それ故、垂直のレンガ壁を作る場合（図68）

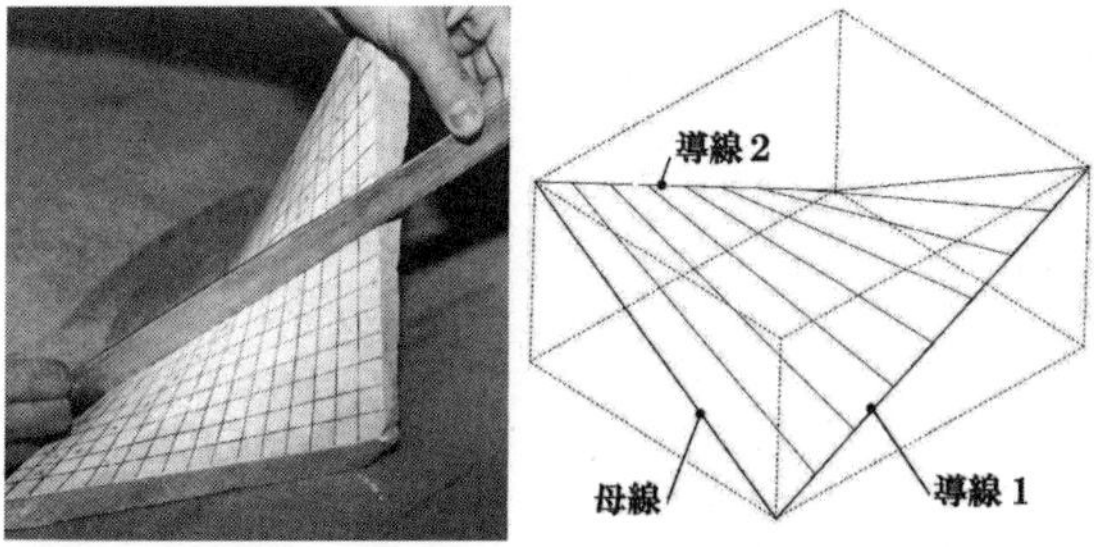

図69　「平曲面」＝双曲放物線面は３本の直線よりなる線織面

には、垂直の二本の棒（定規）の間に一本の紐《ひも》を水平に張り、この紐を平行移動させながら、それに合わせレンガを積めば、垂直のレンガ壁ができます。すなわち、三本の直線で平面のレンガ壁ができます。ところが、人間のやることに完全はありません。垂直のはずの二本の棒が少しでも傾けば、水平に平行移動した紐の軌跡は平面ではなく、曲面になります。平面のつもりが曲面であることから、ガウディはこの面を「平曲面」と呼びます。

　この「平曲面」は幾何学用語で双曲放物線面（図69）と言います。この曲面の垂直断面と水平断面が放物線と双曲線（図70）になるからです。一九世紀初めに生まれたこの不思議な幾何学、その幾何学形を直線（紐）の軌跡で生まれることから線織面《せんしょくめん》と呼びます。この曲面を生む直線を「母線」、母線を導く二本の直線（棒）を「導線」と呼びます。ガウデ

図70　双曲放物線面では、垂直断面が放物線となり、水平断面が双曲線となる

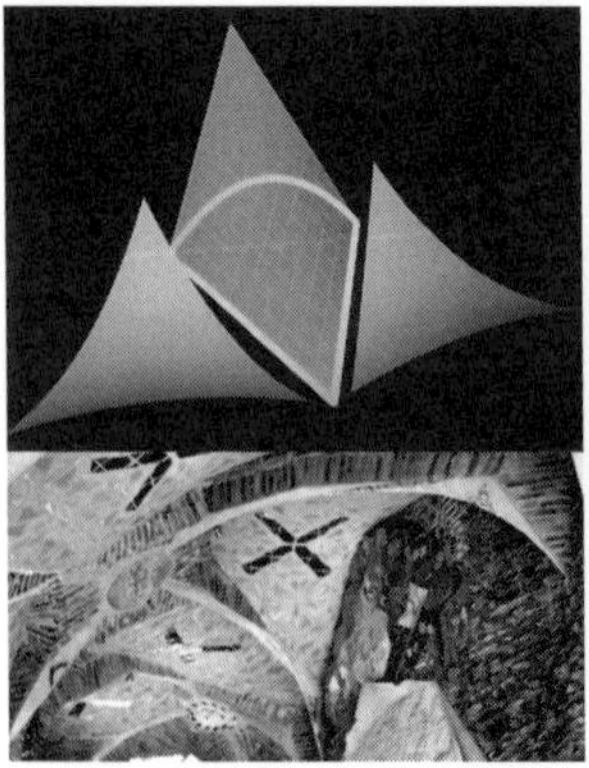

図71　双曲放物線面（上）を応用してガウディはコローニア・グエル教会堂の半地下部前廊ヴォールト天井（下）を設計している（1908-14）

ィは、「真っ直ぐ」で無限の三本の同質の直線を父と子と聖霊に見立て、この三本で生成される「平曲面」をキリスト教の最高ドグマ「三位《さんみ》一体《いったい》」の象徴と見なします。この曲面はコローニア・グエル教会堂（図71）で試され、サグラダ・ファミリア聖堂の最終案の造形原理となり、現在、実現されたその成果（図97）が見られるのです。

線織面は双曲放物線面だけではありません。円柱や円錐の表面である柱面や錐面もそれに属す単（純）曲面です。これに対し複雑な線織面を「ねじれ面」と呼び、これに双曲放物線面が入ります。この二導線が曲線になると柱状面（図72）、一本のみが曲線の場合は錐状面になります（図73・74）。ガウディはこのねじれ面を聖堂事務所の屋根に応用し、サグラダ・ファミリア仮設学校（図74）では壁と屋根の双方に使っています。サグラダ・ファミリア聖堂の最終案では、ねじれ面のもう一つ、双曲線面（平行でない三直線を導線とする）も導入されます。正に、ガウディの晩年はこの線織面幾何

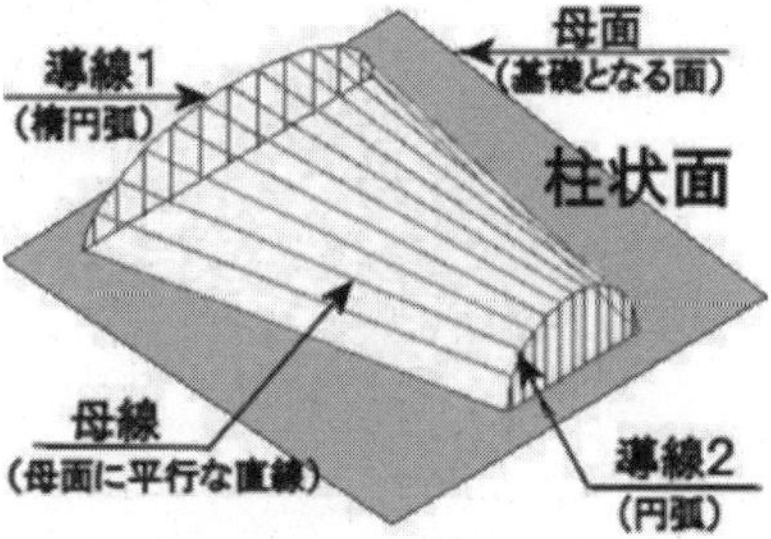

図72　柱状面：2導線＝平行でない曲線、母線＝母面に平行な直線

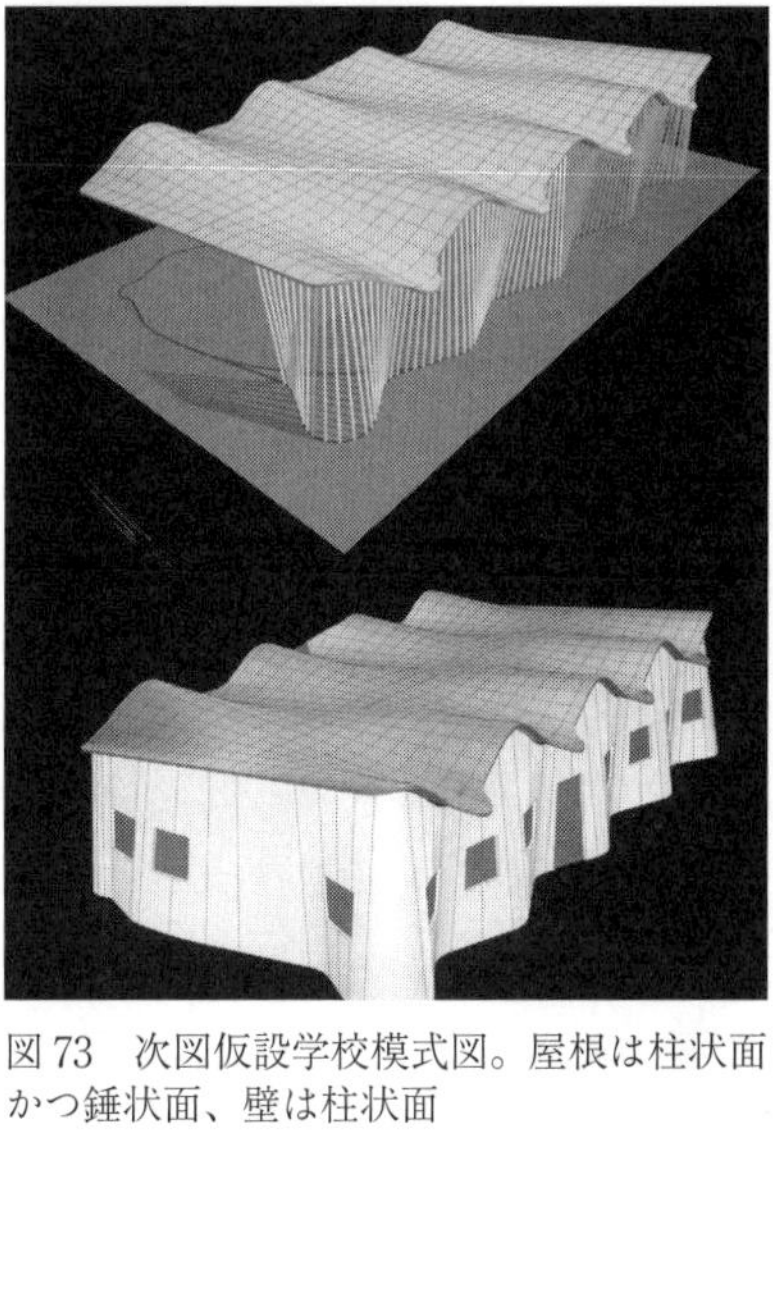
図73　次図仮設学校模式図。屋根は柱状面かつ錐状面、壁は柱状面

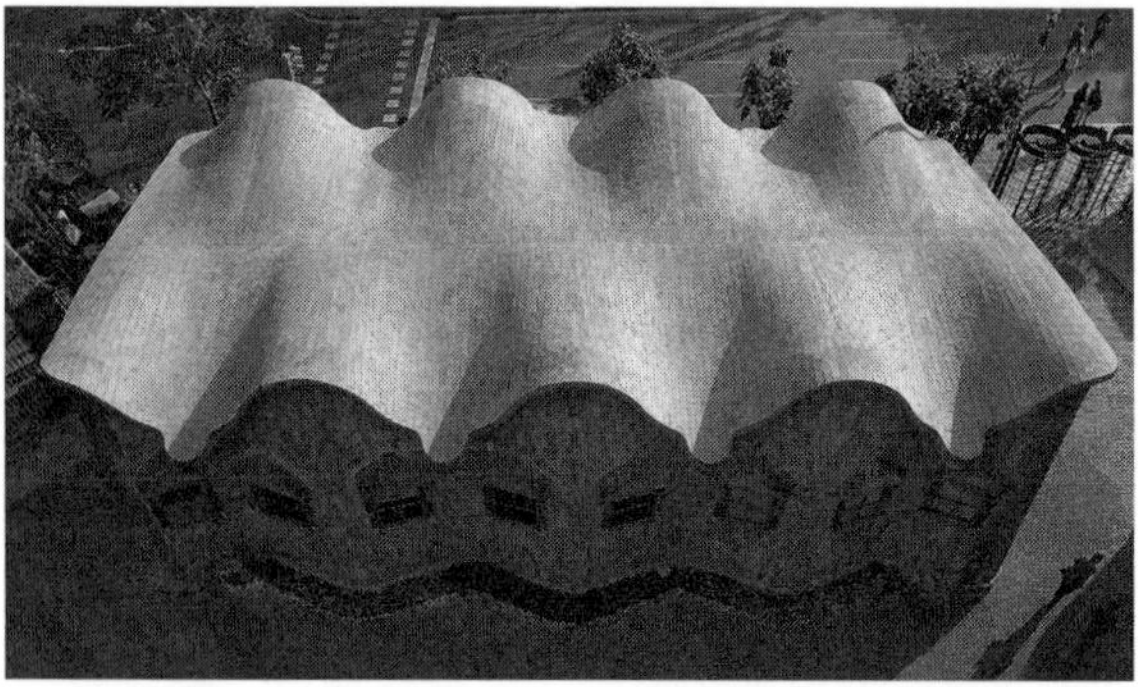

図74　サグラダ・ファミリア聖堂付属の仮設学校（ガウディ、バルセロナ 1908-09）

学に没頭した幾何学主義の時代と言えます。

ガウディ建築の三つの様式

ガウディの歴史主義は過去の建築を参照しただけではありません。産業革命を生み出した科学的合理主義の精神がガウディ建築の屋台骨を支えているのです。その代表例がガウディ建築の象徴である放物線アーチです。パラボラは古代ギリシアの時代から円錐の断面形状の一つ（図75）として知られています。また当時の力学は荷重を大地に伝える合理的な形状として教えていましたが、「美しくない」とか、「作るのが難しい」とか、また床からの立ち上がり部が傾斜しているため「通行の妨げになる」とかの理由でほとんど建設されませんでした。しかし、新鋭のガウディは人のやらない新しさを求め、一八八三年マタロのサラシ工場（図76）とカサ・ビセンスの庭園建築「滝」で、前者では木造、後者ではレンガ造のパラボラ・アーチを導入します。翌年着工のフィンカ・グエルの厩舎《きゅうしゃ》（口絵6）でレンガ造パラボラ・アーチの連鎖を造形言語とする空間が生まれ、これがサンタ・テレサ学院の廊下（口絵8）、カサ・バッリョやカサ・ミラの屋根裏階（図77）に見られるガウディ建築の様式として定着します。

グエル館ではパラボラ・アーチのファサード案（図33）がグエル本人により選定されたこともあり、徹底的にこの形状が採用されます。アルハンブラを想起させるアーケード（図78）も中央ホールのクーポラ天井（口絵11）も同形状です。クーポラはパラボラを断面とする放物線回転面です。この造形が塔となり、タンジール計画案（図80）、サグラダ・ファミリア聖堂（図82）、コローニア・グエル教会堂（図83）の採光塔や鍾塔《しょうとう》となり、ニュ

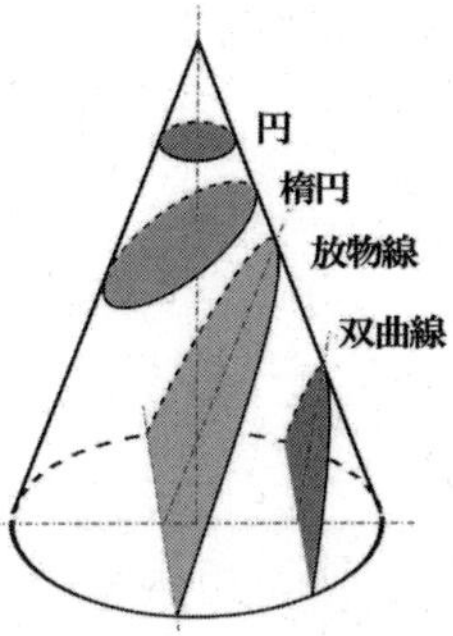

図75　円錐曲線：放物線＝円錐の稜線に平行な断面

図76　マタロ労働組合社サラシ工場の木造パラボラ・アーチ
（ガウディ、マタロ 1883）

図77　カサ・バッリョ屋根裏階（ガウディ、バルセロナ、1904-06）

図78　右：アルハンブラ旧宮殿ライオンのパティオ回廊（グラナダ）、左：グエル館中央ホールの前室（ガウディ、バルセロナ、1886-90）

ーヨークの大ホテル計画案（図84）を生みます。この塔形状のことをガウディは「パラボラ形」と呼びます。この「パラボラ形」こそ、アリ・ベイがエジプトの鳩舎塔を描写する際に採用した幾何学用語だったのです。ガウディの「パラボラ様式」とはアーチのみならず、同形状の塔も造形言語とするもので、タンジール計画案がその典型であり、前記した三作品とともに「パラボラ形塔群造形」の四部作を形成します。

グエル館内部のパラボラ造形は、「原始建築や素朴な山小屋のみならず、自然にも見られる」とは一八九〇年当時のガウディの言葉です。晩年も、建築を構成する部材はすべて自然に由来すると考え、「柱は木の幹、屋根は斜面と頂上をもつ山、ヴォールトはパラボラ断面の洞窟」に起源があると言います。したがって、

図 79　アリ・ベイ図版「多数の鳩舎塔よりなる村」

図 80　タンジール計画案（ガウディ、モロッコ、1892-93）

図 81　現代のエジプト鳩舎塔群（ミトゥ・グハムル）

図 82　サグラダ・ファミリア聖堂完成予想図（ガウディの助手ルビオーによるスケッチ。建築雑誌掲載図 1908）

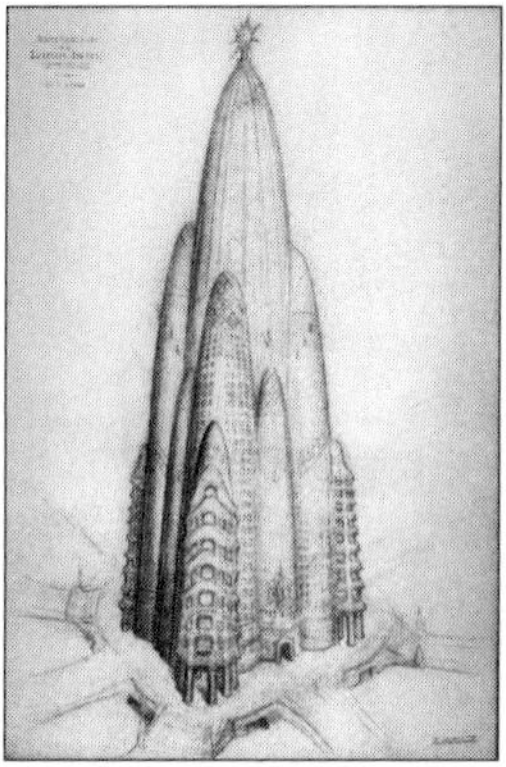

図 84　大ホテル計画案（ガウディ：ニューヨーク、1908、ジュアン・マタマラによる推定図 1952）

図 83　コローニア・グエル教会堂外観最終案（ガウディ、サンタ・クローマ・ダ・サルバリョ 1908？）

ガウディの自然主義「洞窟様式」もパラボラと無関係ではなく、外観の洞窟造形を内側で支える骨格がパラボラ・アーチで構成されることにもなります。自然の装飾への応用は歴史的な装飾手法であり、決して新しいことではありません。しかし、建築造形そのものへの応用となると、極めて稀《まれ》になります。神話の世界でも見られるように、原始の古来より洞窟は人の住む場所の一つであり、古代ギリシア以来、庭園にニンフを祭る神殿として人工洞窟が作られ、一九世紀後半にはアトラクション施設としての人工洞窟や海底洞窟の水族館がブームになっていました。ガウディはこの洞窟造形を建築の外観造形に初めて応用するばかりか、舞台装飾やアトラクション施設ではなく、日常生活の内部空間にも初めて導入した建築家になります。自然そのものの造形だと、突起や窪《くぼ》みが多く、怪我の原因になったり、埃《ほこり》が溜《た》まりやすく掃除が難しくなったりします。そのため、ガウディの洞窟造形は浸食された岩山のように滑らかで、抽象的な造形（図85）となり、ムーアなどの抽象彫刻を先駆することにもなります。

しかし、洞窟造形には問題があります。それは図面に描くのが困難で、描いたとしても制作に必要な寸法を入れようがないことです。そのため、石膏模型が不可欠になりま

図85　カサ・バッリョ、オーナー住宅階、玄関ロビー天井（ガウディ、バルセロナ、1904-06）

すが、さらに、常時設計者のガウディが直接指示する必要があり、第三者を通して間接的に職人に指示を出すことも難しいのです。しかし、この洞窟造形に「平曲面」の造形が類似していること発見します。しかも「平曲面」は放物線を内に秘めた曲面ですし、双曲放物線面という幾何学形態ですので、第三者に伝えることも容易ですし、誰が作ろうと同じ形態になります。ここには、線の放物線、立体の放物線回転面、そして、面の双曲放物線面への流れが、ガウディの造形的発展に見られることを忘れてはならないでしょう（図86）。したがって、ガウディの「平曲面様式」は「パラボラ様式」と「洞窟様式」を前提条件として生まれた様式ですので、正にガウディの全建築人生をかけて生まれた独自《オリジナル》の様式と言え

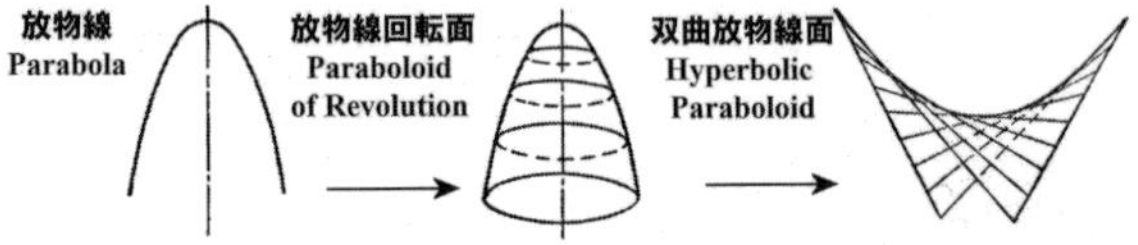

図 86　放物線連鎖：放物線→放物線回転面→双曲放物線面

ます。この「平曲面様式」は現在「ＨＰシェル」構造（双曲放物線面 Hyperbolic paraboloid 貝殻《シェル》構造）として知られる造形の先駆となりますが、後者は幾何学形から直接建築造形をしているのに対し、ガウディはあくまでも自然主義の洞窟造形を平曲面に置換した造形で、容易に幾何学形とはわからない造形です。しかし、ガウディが線織面幾何学を初めて建築に取り入れた先駆者であり、これにより「ＨＰシェル」以降の現在のコンピューターを駆使した複雑な造形が可能になっています。

「パラボラ様式」、「洞窟様式」、「平曲面様式」のいずれも、これらの造形言語を取り入れ創作するならば、容易にガウディ建築と見なされることでしょう。それほどそれぞれが独自の様式なのです。ガウディは「ガウディ派」を形成する後継者を作りませんでした。しかし、ガウディ派と呼び得る建築が現在の世界には広く認められるのです。

第9章　貧者ガウディと権威者ガウディ

貧者ガウディ

一九二六年六月七日午後五時四五分頃、ガウディは、いつもの日課でサグラダ・ファミリアの事務所を出て、街中のサン・フェリッペ・ネリ教会堂の夕刻のミサに向かう途中、大通りを渡ろうとして路面電車と接触し、意識不明となります。そのみすぼらしい姿から、有名な建築家ガウディとは誰もが気付かず、四台ものタクシーが病院に運ぶのを拒否します。近くの無料診療所で最初の治療を受けたのが六時半。重傷のため、バルセロナが誇る総合病院サンタ・クルスに八時頃に運ばれますが、所持品から名前がガウディと分かりながら、有名な建築家だとは誰も考えず、手の施しようがない重傷と判断され、何ら特別な処置もなされずに大部屋に入れられます。この八ケ月の間、聖堂で寝食していたガウディ、そのガウディが戻らぬことを心配し、守衛は聖堂の住職パラス神

図87　ガウディの葬儀模様（1926年6月12日）

父に知らせます。四方八方手を尽くすものの、その所在が判明するのは夜中の一二時過ぎです。翌朝、専門医の診断を受けますが結果は同じ、唯一できたことが個室への移動です。三日後に息を引き取り、一二日に埋葬されます。市は公式行事の葬儀を計画しますが、一切の名誉を受けず、盛儀にせず、簡素な葬儀になることがガウディの遺言であったため、その意向に従う葬儀になるはずでした。しかし、バルセロナ市民は黙ってはおりません。自らの意思で、遺体を病院から埋葬場所のサグラダ・ファミリアに運ぶ霊柩車《れいきゅうしゃ》の後をつける行列に参集したり、それを見に行ったりし、大群衆が大通りを埋め尽くす光景（図87）が出現したのです。

　ガウディは言います。

「芸術は崇高なものであるから、それに携わる人間は（崇高との）バランスを取るため、苦しさ、もしくは貧しさを伴うべきである」

　粗末な服装をしていたことが、事故後の緊急手術の道を閉ざし、死を招いたのかも知れません。一九一四年に聖堂のためにのみ生きるという宣言をして以来、ガウディは禁欲的な生活に徹します。もちろんのことタバコや酒は飲みません。持病のリュウマチのこともあり、菜食主義となり、朝食は取らず、昼食は生野菜一皿、コップ一杯の牛乳、そしてデザートの果物のみですので、「常に空腹を覚え、食卓で満腹になることはない」となります。そのため、ポケットにアーモンドなどを忍ばせ、散歩などで空腹に耐えられなくなるとそれを食します。服装はいつも同じ、着られなくなると、古着を買ってきてもらう。周りのものが耐えかねて新調してもらうこともありました。下着をつけず、靴下も履かなくなります。

　そんな服装で外出するため、時には物乞いに間違えられ、恵みを受ける時もあります。

図88　サグラダ・ファミリア聖堂の前を行くガウディ、1920年頃
（アリアスの素描）

そんな時、「ありがとう。しかし、私はお布施で生きておりません」と、丁重に断り、相手の好意に応えたと言います。お金にも無頓着になり、お金を持って外出しません。サグラダ・ファミリアからの報酬は公言通り受け取らず、マリョルカ大聖堂の修復工事の設計料も受け取ろうとせず、グエル《グエイ》からの報酬も受け取らないままでした。これも助手たちの計らいで一部を回収し、銀行にガウディ用の口座を作ります。この口座を管理するのが助手の建築家スグラーニャス、一九一二年、姪《めい》のロザが他界してから彫刻家の模型室長リュレンス《ロレンツ》・マタマラが一人住まいになったガウディを心配し、毎晩泊りに来るようになりますが、その彼から毎日二ペセタを受け取り、その日に必要なミサ時のお布施や牛乳屋での朝食代、新聞代や交通費に当てます。

どう考えても、このガウディ（図88）は、外面から見れば、貧者に違いありません。このようなガウディにしたのは、サグラダ・ファミリア聖堂の建築家になり、キリストをまねる人に回心し、他人に贖罪《しょくざい》という犠牲を強いる、献金請いの戸別訪問をしなくてはならない境遇に追い込まれた結果、自らにもそれ以上の犠牲を強いたからでしょう。

そのガウディは次のように言っています。

「どの分野でも人々は苦しみから逃れようとし、なるべく苦しまない方法を求めるが、より良いものを作ろうとすれば、苦痛へ、貧困へと突き進むことになる」

すなわち、サグラダ・ファミリア聖堂をより良いものにしようとすれば、ガウディは貧困にならざるをえなかったことになります。しかし、誰もこのガウディを貧しいとは思はないでしょう。誰もが、ここに豊かなガウディを見るでしょう。もちろん、金銭や物質による豊かさではありません。心の豊かさ、精神の喜び、働き生きていることの楽しさ、生活の充実さ、人生の安心さ、マラガイが言った「時と死に対する何というさげすみ」や「永遠に生きることの何という保証」を見ているに違いありません。

一九一四年以来、外見からは貧者にしか見えないガウディ。こうしたガウディになり得たのは、それ以前に絶対的な権威者になっていたからに他なりません。この一九〇〇年代の権威者ガウディを次に見ることにします。

社会的評価と公的役職

グエル館完成後のガウディは、建築界の新鋭、バルセロナの建築界にはなくてはならない存在になります。その後、創設されたばかりの第一回（一八九九年度）バルセロナ市建築年間賞にカサ・カルベート（口絵15）が一九〇〇年六月に選出されたことと、同年一二月に発表されたマラガイの聖堂賛歌「生まれつつある聖堂」が、ガウディ評価を決定的なものにします。この頃から国の内外からの重要な人物（外国高官や王族など）によるサグラダ・ファミリアへの訪問は常態化します。

ガウディ建築を代表するグエル公園もカサ・バッリョもカサ・ミラもまだ出現する前の一九〇二年三月、マラガイが「お慈悲のお恵みを……」でガウディを「神の使者」、「カタルーニャの天才」と規定する三年前、舞台装飾家ビルマラ、画家・作家リケ、画家カザスらは、

「ガウディはわれらの最高の天才的芸術家、カタルーニャに最大の名誉を与える巨匠。彼のサグラダ・ファミリア聖堂は、今世紀のカタルーニャが生んだ最大の芸術作品」という見解で一致し、こう評しています。

「バルセロナに天才的に崇高なもの、何らかの純粋芸術・先験芸術、計り知れない創造的精神の作品、われわれの誉れと誇りになるもの、全世界に提示でき最も偉大な近代建築と比肩できるものがあるとすれば、それはガウディ作品だ」

当時のカタルーニャ建築界の代表として、ドゥメナク・イ・ムンタネー、ガウディ、プッチ・イ・カダファルクの順で評価されるなか、同年二月、プッチの特集が画報雑誌に組まれます。日本では『バロック論』の作者として知られる若き日のドールスがこれに反発し、その翌月、ドゥメナクを地方主義の天才と自画自賛するものと評す一方、「真の天才であるガウディ、その価値ある人物に一言の賛辞もなく」、プッチを建築家として、政治家として、そして行動的な人として、「ピラミッドよりもはるかに高く」評価するのは奇妙だと、苦言をあらわにします。

こうしたガウディ評価が公に語られるなか、その作品への集団訪問が組織されていきます。その前例は一八九二年三月にカタルーニャ探訪センターが組織したグエル館への訪問、一九〇〇年五月にはガラッフのグエル酒蔵、翌年二月に同じ探訪センターによるサグラダ・ファミリアへの訪問、〇二年十一月にも「モンセラー聖母信心会」の聖堂訪問があり、〇三年一月にはカタルーニャ建築家協会によるグエル公園への集団見学、〇四年五月、商工業自治主義センターの聖堂への集団訪問、探訪センターによる〇六年五月のカサ・バッリョへと、同年一一月のベリャスグアルト、フィゲーラス邸への集団訪問などが続き、いよいよカサ・ミラが着工されることになります。

この一九〇〇年代のガウディは、多忙を極めます。朝、サグラダ・ファミリア聖堂に着くと、まず聖堂関連の図面をチェックし、その後、大工や石工、そして模型などの作業現場を一巡します。九時にはグエルが用意した御者付き豪華馬車が表で待ち、それに乗ってグエル公園などの現場に行きます。その他の主要作品のオーナーたち（カルベート、バッリョ、ミラなど）も同様に馬車を用意しました。コローニア・グエルの場合は週単位、マリョルカ島の場合は月単位の滞在になります。

そのためデビュー当時のような公の場に立ちたいという意思もなければ、時間的な余裕もないにもかかわらず、権威者としての社会的要請により公的な役割を担わされるようになります。〇三年六月マドリードで翌年開催予定の第六回国際建築家会議での九つのテーマの一つ「業者と職人との仲介役としての建築家の役割」の報告者の一人として師マルトゥレイ共々ガウディも選出されます。〇四年二月にはバルセロナ市主催「工芸新人賞コンクール」の審査員に選出。〇五年九月一〇日の総選挙でガウディが地方主義政党の候補者名簿に記載されます。〇六年七月ロンドンでの第七回国際建築家会議、第六テーマ「建築家と職人、建築家は職人の理論と実践教育をどの程度受けるべきか」の発表者にマルトゥレイと共に選出。今回は建築学校教授陣のトーラス、フォン、ドゥメナクの他、プッチも他のテーマの報告者として選出されています。同年一二月、聖リュック美術協会《サルクラ》により次のバルセロナ万博調査委員会委員に任命されます。〇七年五月、カタルーニャ語の再興を象徴する同言語詩作コンテスト第五〇回「花の祭典」記念会場の装飾を託されます。ただし、豪華な装飾が間に合わず一週間延期、かつ予算オーバーで組織委員会を悩ませるおまけつきでした。同年一一月、新市立劇場をガウディに委託すべきとの声が高まります。〇八年一月、ジャウマ一世生誕七〇〇年祭モニュメントを

図89　カサ・ミラ建設中の３写真（『カタルーニャ画報』1907-12-08）

プッチの推薦で市より委託。同年八月、バルセロナ旧市街改造顧問委員会委員、同美術品調査委員、および同モニュメント保全再建部門委員長に任命されます。

カサ・ミラの衝撃

こうしたなか、〇六年に着工されたカサ・ミラが、翌年一二月、その外観がどうなるのか不明であるにもかかわらず、ガウディ作品として工事現場の写真三枚が画報雑誌の表紙（図89）を早々に飾ります。建設が四周の仮囲いを越えて姿を現し始めた〇八年一二月、シチリアからイタリア南部に死者一〇万を超える大地震「メッシーナ地震」が発生します。すると、その翌月の風刺雑誌は、建設中のカサ・ミラの前を歩く母親に手を引かれた子供を描いた風刺画「ガウディさんの家」（図90）を掲載し、「ママ！　ここにも地震があったの？」と子供に言わせます。この六日後、別の雑誌がガウディ建築に十字架はつきものであることを前提に、建築家がオーナーの学院長に説明する戯画を掲載し、「主なる神が雷から建物を守る十字架をこの高い所に設置しました」と建築家が説明すると、「それはいいですね。その十字架の上に避雷針を設けたらどうでしょう」と、学院長が答える会話を挿入します。

図90「ガウディの家」カサ・ミラ建設中（Cu-Cut 1909-01-21）

同年三月、同風刺雑誌はオーナーの心情に触れます。

先日、ミラ氏が建設中の自分の家を見ていると、急に体調を崩し、顔面蒼白《そうはく》、寒さで震えだし、急遽《きゅうきょ》帰宅します。それを見ていた人々に、あれは「石の痛みだね」と病名を推測させます。次週号では、「石の病気」で倒れたミラ氏が追加工事

図91　オーナー夫婦とガウディ
（Papitu 1909-03-24）

に「百万ペセタなど費やす気にはならない」と表明したことを述べた後、
「ガウディさんは、その家を赤い頂部で終わらせるか、家全体を緑色に塗るとミラさんに説明していたのに対し、ミラさんは、『石の病気』だけで十分です。天然痘にも黄疸《おうだん》にもかかるつもりはないと答えた」と建築家との雲行きが怪しくなっていることを匂わせます。この建築家と依頼主との関係で、当時よく知られた小話がグエル館に関する以下のものです。

（グエル）　「あなたと私だけがこの家を気に入っているのは本当だね」
（ガウディ）「あなたは気に入ったのですね。私に関しては、疑問ですが……」

グエルは大変驚き、少し驚いた様子のガウディを眺めた、という逸話です。また、ミ

図 92　バルセロナ「悲劇の週間」(1909 年 7 月 25 日〜8 月 2 日)

ラ氏の「石の病気」を報道した風刺雑誌が。同じ〇九年三月、後にバッリョ夫婦とガウディとの間になされた会話と類似した小話を掲載します。

「ガウディは大変話好きな人で、作品の隠れた意図を上手に説明することができる。現在建設中の家(カサ・ミラとは異なる、さらに大規模な石造建築)のオーナー夫婦は、特に住宅階の間取りの隠れた意図を説明された時、聞き惚《ほ》れるほどであった。

『ここはこのようにしましょう、こちらはこうしましょう』と、ガウディは説明する。

『いいですね、大変結構です』と、夫婦は答えます。ガウディが家をどのようにするかを説明

した後、その場を去ると、

『何と言えばいいんでしょう。私は、気に入ったわけではないのですが……』と、夫人は夫に告白した」（図91）

こうした逸話から、ガウディの権威が大金持ちたちの金権を上回ってきていることが推測されます。

同一九〇九年七月末、モロッコへの予備兵派兵に反対するゼネストから暴動に発展し、教会堂や修道院などの教会建築が焼き払われる「悲劇の週間」（図92）がバルセロナに起こります。この事件を受け、同雑誌の九月号では、被害を受けた修道院のいくつかは同じ場所での再建を決定し、ガウディにも設計が依頼され、「修道僧たちの希望により、新しい建物はカサ・ミラをモデルにすることになろう」と、カサ・ミラが宗教建築にふさわしいことをうかがわせる小話を掲載します。

カサ・ミラがなぜ宗教建築なのかは、一一年二月に掲載された次の新聞記事で明らかになります。

「ミラ氏のためにガウディがグラシア通りに建設した家は未完で終わるだろう。計画通りの頂部がないからだ。その頂部には、メタル製のバラかずらに囲まれ、大きな数珠を持った花《か》崗岩《こうがん》の巨大なロザリオの聖母像が計画された。家は、砂漠のピラミッドやスフィンクスが小さく見えるほど巨大なモニュメントの台座に過ぎないのだ」

ミラ夫婦はガウディに不満を抱いていたに違いありません。そして、ガウディの「隠れた意図」が巨大なマリア像の台座にすることにあったことを知ったミラ氏は、ついに堪忍袋の緒が切れ、「悲劇の週間」を契機に、二一歳も年上の建築家の計画に反対することになります。

図93 「マリアに帰依する芸術家」(La Esquella de la Torratxa 1911-03-17)

「ミラ氏はその巨大な彫像の設置を拒絶した。ガウディ氏は自らの壮大な計画の実現に固執し続けた。両者の合意はなかった。その結果、極めて興味深いものとなるに違いない裁判訴訟が起こされることになった」

この裁判沙汰は同年五月頃まで頻繁に報道され

ます。以下は五月に掲載されたガウディがマリア像を持ち上げる戯画（図93）に添えられた解説です。

「このところ、バルセロナで頻繁に次のニュースが報じられた。下院議員のミラ氏は、すべての人々から注目を浴びている独創的様式の家をグラシア通りに建設させた。著名な建築家ガウディ氏の計画によれば、ビルはグラシアの聖母像で頂部を飾るはずであった。しかし現在、オーナーはその像の設置を断固拒絶しているのだ。ガウディ氏は、計画通りの実現に固執し、オーナーの反対を受け、裁判に訴えることになった。建築家に幸運を！」

ミラの心証を害した原因はガウディにもありました。〇七年一二月にファサードの柱が公道に一mほどはみ出していることで訴えられ、翌年八月にも違法が発覚し、高さ制限二二mを超えた部分を取り壊すか、一〇万ペセタの罰金を支払うかが命じられていたのです。そして、〇九年七月の「悲劇の週間」です。裁判は実際にありました。しかしそれは、マリア像設置問題ではなく、ガウディへの報酬の一部未払いによるもので、ガウディが勝訴し、十万五千ペセタの支払い命令が下ります。ガウディは、結局、これを

図94　グエル館地階厩舎（ガウディ、バルセロナ、1886-90）

修道院に寄付することにします。

かつて一八八九年一二月、「百年後のバルセロナ」と題した新聞の特集記事で画家のルシニョールとウトリーリョが完成間近のグエル館（図94）の異常さを以下のように風刺したことがあります。道路工事で広場を掘り返している時、巨大なレンガ造列柱を発見。そこにかけつけた学者たちはバビロニア時代の遺跡であろうし、おそらく聖堂、もしくは巨大な鉄柵もあることから、地下牢《ろう》か、動物園のライオンの檻《おり》であろうと推測します。そこに、ガウディというもう一人の学者が現れ、自宅の古い書類から、そこは一九世紀末の個人の邸宅であったことが判明したと告げます。しかし、「鋳鉄の世紀」の一九世紀の建造物ではありえず、紀元前後か、前六世紀の新バビロニアの建物であろうと結論付けます。この記事は、前衛を自任する二人の若き画家たちにとって、グエル館が衝撃的であったことの証左になるでしょう。

さらなる衝撃を与えた作品がカサ・ミラです。このことを明らかにする記事「昨夜の出来事 ―恐怖の崩壊― ミラ氏の家」が、エイプリルフールでもない一九一〇年一二月の日刊紙に掲載されます。

「我らが親友のペドロ・ミラ・イ・カンプスによりプロベンサ通りとの角地に建設されている壮大な貴族的大邸宅はグラシア通りの誇りであり華であった」

「バルセロナには、人の住まいとしてこれほど素晴らしい建物、これ以上大きな石造建築はなかったし、その壮大さ、未曽有のデザインによる独創性、芸術的重厚さ、および劇烈な様相で人々の注目をこれほどひきつけるものはなかった。あの巨大な岩山は、外面に威嚇的な洞穴とねじ曲げられた鉄細工を持ち、巨人の悪夢の実現、後世の建築のファンタジー、近代化された穴居人の洞窟、難攻不落の要塞、勢力ある悪徳暴君の逃亡地に似ていた」

図95　パリでのガウディ展（1910年4月15日〜6月30日）

「バルセロナの全住民、わが思慮深きブルジョアたち、わが賢明な芸術家たちは、人々に話さずにはおかず、様々な意見、時には正反対の意見を触発させる、あの巨大な非生命体が建ちあがり形を取っていく姿を、何ケ月も、日増しの驚きをもって見てきた」

このカサ・ミラが、夜中の一二時四三分、地震のような壮絶な騒音とともに全崩壊し、警察、消防、救急車がかけつける大惨事になります。騒動は早朝の四時まで続き、この時間には、建築家と建設業者、および一団の職人たちも馳せ参じ、ミラ氏に本日中の再建を約束した、という報道でこの記事を閉じます。カタルーニャ主義政党を支持する新聞に一般

図96　「炎上するバルセロナ」（Picarol 1912-03-16）

ニュースのように掲載された記事です。このようなフェイクニュースを平然と掲載できるほど、カサ・ミラはバルセロナ市民に衝撃を与えたことを物語っているのでしょう。

権威者ガウディ

一方、一九一〇年四月一五日～六月三〇日、パリの国民美術協会展（サロン・ド・ソシエテ・ナショナル・デ・ボザール）建築部門でガウディ単独の個展（図95）が開催され、雑誌や新聞に報道されます。建築家の個展自体が極めて稀《まれ》な時代ですので、これだけでも特筆に値します。また、翌年中央建築家協会が開催したマドリードでの建築展で、マドリードとバルセロナ建築学校の作品展とか、歴史建築の調査報告展とかと共に、ガウディのみの展示コーナーが設置されます。

一九〇〇年頃から外国人によるガウディ評価が始まりますが、当然のことながら、活発なバルセロナ建築界での第一人者ガウディとしての評価です。ところが、地元ではドゥメナク・イ・ムンタネー、ガウディ、プッチ・イ・カダファルクの順での評価で、建築学校の校長ドゥメナク教授の権威の方が上にありました。この固着観念が一九一一年には完全に払拭されます。例えば、一二年三月掲載の戯画「炎上するバルセロナ」（図96）の解説、

「バルセロナの建築家、それは第一にガウディ、第二にドゥメナク・イ・ムンタネー、そして第三にプッチ・イ・カダファルク。……三人は町を炎上させる。一九〇九年の修道院焼き打ちをした人々が破壊しながら町を炎上させたのに対し、これら三人の建築家たちは建設しながら炎上させる。……」

そして、三人の建築家の特徴をこう述べます。

「プッチ・イ・カダファルク氏は中世から再出発し、ドゥメナク・イ・ムンタネー氏はある特定の時代まで遡り、ガウディ氏は妥協を許さず先史時代にまで達する」

すなわち、歴史主義の中世主義、折衷主義、そして原始主義の建築家と言い換えることができるでしょう。この原始主義のガウディをマドリードの著名な随筆家マエストゥは、その前年三月、「賃貸マンション（カサ・ミラ）に新しいリズム、山と海のリズムを作り出した」自然主義の建築家と呼び、カサ・ミラのように人知のなし得る最も大胆な企てである独創的な建築は、この世界のどこかに、七世紀、もしくは八世紀に一度しか生まれない、と評します。同月、バルセロナの高名な文学者ムントゥリウは、ガウディ建築のような作品はヨーロッパ精神からは生まれようがないと考え、他の西欧諸国とは一線を画すイベリア半島独特のイベリア主義の建築であろうと考え、ガウディを「イベリア魂の最も代表的な天才の一人」と規定します。

同じ一九一一年六月初め、ガウディがマルタ熱（ブルセラ症）にかかりプッチサルダーで療養すると新聞がこぞって報道し、同月下旬、重症と報じた四日後には完全に回復、その後も七月、八月、そして九月と回復したとの記事が掲載されます。事実、かなりの重病だったようで、この時遺言書を作成し、この中で自らの葬儀を質素にすることを記したようです。こうした病気の報道は権威者ガウディだからこそ成立するのでしょう。

翌年はサグラダ・ファミリア聖堂の赤字が初公表される年です、この年の一二月、同聖堂が「聖《サン》ヨセフ《ホセ》信心会」の本堂からどこにでもある教区教会堂に変更されることにガウディが反対し、聖堂建築家を辞任するという流言が広がります。このうわさに対し、バルセロナ司教がそれを否定したとの報道もなされます。

教区教会堂とは地域の信者が日々のミサに参列できるようカトリック教会が用意する教会堂を指します。かつては野原であったサグラダ・ファミリア周辺にも人々が住むようになり、教会堂の新築が急務であったにもかかわらず、信仰心の薄らいだ時代、財源的にそれは不可能でした。そこで、一九〇五年のこと、バルセロナ司教は、早急の教会堂新築を条件に、サグラダ・ファミリアの地下礼拝堂を代理の教区教会堂としての使用をガウディと建設委員会に依頼し、それが認められていたのです。それが一二年になっても教会堂は新築されないまま、サグラダ・ファミリアの方は建設中断の危機にあり、これが未完で終われば、教区教会堂に転用できると、司教区の上層部は考えたであろうことは容易に推測できます。同じことがガウディ死後の一九三〇～三五年にもあり、この時は建設委員会の書記でもあったマルティ教授が阻止しているのです。しかし、現在は教区教会堂としても使われています。

ガウディが教区教会堂への転用を阻止したであろうことは間違いないでしょう。これは、司教に負けない権威がガウディに備わっていたことの証《あかし》にもなります。また、サグラダ・ファミリアは「ガウディの聖堂」となり、その建設中断危機の一九一四～一五年には聖堂のみならず、ガウディの特集が新聞や雑誌に組まれ、建築家の権威はいやが上にもあがります。しかし、同時にこの時、ガウディはすべてを投げ打ち、聖堂に打ち込むことを宣言し、貧者の道を歩むことにもなります。

第10章　凡人と天才

凡人と天才

凡人とは「特にすぐれた所のない、普通の人」、これに対し、天才は「生まれつき備わったすぐれた才能を持っている人」とされます。「すぐれた所」や「すぐれた才能」は相対的なもの、つまり他人との比較で判明するものです。すぐれた人でも、さらにすぐれた人と比較すれば、普通の人にもなりかねません。逆に、凡人であっても、より優れていない人と比較すれば、優れた人にもなります。また、ある面で優れていたとしても、他の面では優れていないことも多々あるでしょう。見方を変えれば、いかなる人もある面で凡人であり、他の面では天才なのです。

この世に自分と同じ人が存在しないことは、他人とは異なること、他の人とは異なものを持っているとか、あるいは、他の人が持っているものを持っていないことなどを意味するのでしょう。この他の人とは異なること自体が、人は人それぞれの才能をもつことを意味しますし、才能があれば、比較により、誰もが天才になります。ガウディも誰もが人に役立つ能力、すなわち、他の人よりも優れた才能、もしくは他の人にはない才能を持つと言います。

「役にたたない人は一人もいないこと、いかなる人も役にたつことを銘記すべきである。問題はそれぞれの人が何に役立つかを見つけることにある」

この才能や資質は、何かをやった結果として判明し、その存在を見つけることができるのであって、何もせずにわかるものではありません。

「各人は神から与えられた才能を使わなければならない。この才能を実現することが最高に完成された社会である」

また、こうも言います。

「普通の人々が偉大な事業に大変な貢献をしてきた。第一に、善意をもって、第二に、各人の資質を生かして貢献した」

そして、才能や資質といったものは、たとえ生まれながらの授けられたものであるとしても、それらの能力は一定ではなく、低下することも向上することもあると言います。「人は知性、能力、気力において階段を上るか下るかしかできず、常に階段を一段一段と上らざるを得ない。たゆまぬ努力を惜しまず、人は常に大きくしなければならない」

すでに述べたように、「すべてがわれわれの努力次第である」ように、凡人になるのも、天才になるのも、その人の努力次第であり、「天才」として歴史に名を刻んでいる人の陰には必ず並々ならぬ努力が潜んでいることを忘れてはならないでしょう。

「どんなに小さなものであれ、作品に注がれた努力はすべて、最終結果に反映される。犠牲が払われたときには言うに及ばない、なぜなら、その時は非常に良い結果が得られるであろうからだ」

この作品次第で、人は「天才」と呼ばれるのであって、作品なくして「天才」と呼ばれることはないでしょう。人はガウディのことを容易に「天才」とか、「奇才」とか呼びます。それは実現した建築作品からそう呼ばざるを得ないからです。ガウディという人を見てではなく、あくまでも作品という結果からそう呼ぶのです。現在知られるガウディ語録では一度として「天才」という用語の使用は認められません。この用語では何の説明にもならないからでしょうし，個人の努力とは無関係で、天から自動的に与えられるような用語を忌み嫌ったからでしょう。

独創と模倣

「天才」と「凡人」に対応し、ガウディに好まれて使用された用語が「独創」と「模倣」です。独創的な作品は天才の証《あかし》、他人を模倣する作品は凡人の特徴でしょう。

独創と模倣とを対比するガウディの有名な言葉が次のものです。

「創造は、人間を媒介として間断なく継続しているが、人間は創造しない。人間は発見し、その発見から出発する。新しい作品を作るため、自然法則を探究するものは、創造主と協働する。しかし、模倣者は協働しない。それ故、独創性《オリジナリティー》とは、起源《オリジン》に戻ることである」

この言葉を以下に検討することにします。

一．人間は創造しない

ここで言う「創造」とは、旧約聖書最初の「創世記」冒頭に出てくる「はじめに神は天と地とを創造された」の神による創造を指します。そして、神は六日で「天と地と、その万象」とを完成させ、七日目に神は休息します。これが祭日「日曜日」の由来です。しかし、ここで神の創造は終わってはいません。これ以降、植物、動物、人間などが作られていくからです。したがって、この創造は何もないところから何かを創り出すゼロからの創造、すなわち神による創造を意味します。西欧で一般に言われる「創造」はこの神による創造を指し、このゼロからの創造という意味では、人は創造しないことになります。しかも、宇宙が永遠に変化し続けるように、神の創造も留まることがなく永遠に続きます。この創造主の神と協働することが人本来の存在理由だと言うのです。ただし、神と協働すれば、独創が得られるとは言っていません。ただ、協働しないのであれば、「模倣者」になる、と警告はしています。

二．人間は発見し、その発見から出発する

人は「創造」せず、発見し、それから出発する、とするならば、これは、人はゼロか

らではなく、既に存在するものを発見し、それから新たなものを作りだすことを意味することになるでしょう。このことを単純化すれば、神は「無」から「有」を、人は「有」から「有」を創（作）ることになります。両者を区別するため、前者を「創造」、後者を「創作」とします。

「創作」するには、人はどこで何を発見するのでしょうか。ガウディはまず、二つの神の啓示である聖書（神の言葉）と大自然（神の創造物）のうちの後者で必要なものを発見すべきと考えます。

「偉大な本、常に開かれ、努力して読むに値する本、それは、大自然の本である。……神の啓示には二つある。一つは、道徳と宗教による教理上の啓示であり、もう一つは、事実を介して導く大自然の本の啓示である」

「飛行機は、はばたけない羽をもつ昆虫に似た機構をもち、……模倣は（建築の構成）部材にまで達する。円柱は、最初、丸太であったし、そして柱頭は葉で飾られたからだ」

「円柱、すなわち、柱は木の幹、屋根は斜面と頂上をもつ山、ヴォールトは放物線《パラボラ》状断面の洞窟、石切り場の最も硬い石層は、軟弱な石層の浸食により、楣《まぐさ》と梁《はり》を形づくる」

ガウディにとって、自然は「我が師」なのです。

「あの木が私の先生だ」

「あのよく茂ったユーカリを見なさい。枝が小枝に分かれ、それから葉で終わるユーカリの幹を見なさい。よく見なさい、幹のあの面、あの線を、すべてが幾何学形を示している。あそこに棕櫚《しゅろ》の木がある、この庭のあらゆる樹木が自力で立ち、すべての構成要素を優雅に支えている。よそからの材料も、控え柱も必要としない。これは神が何千年も前からわれわれに示されてきた規範である。しかし人間はそれとは逆の方法で建て続けてきた」

ここで紹介しているガウディの言葉は、すべて一九一四年以降の晩年に収録されたもので、サグラダ・ファミリア聖堂を除き、すべての作品が出そろった後になりますので、自らの作品を正当化する内容にもなっています。この樹木の例証は、サグラダ・ファミリア聖堂内部の樹木式構造を説明するもので、その内部は二〇一〇年に一応完成しています。床から立ち上がる円柱は転《ころ》び（傾斜）柱、その円柱の幹から枝分かれした小柱が多数伸び、天井の葉群《はむ》れ（図97）を支えます。壁面、柱面、および天井ヴォールトは、

「平曲面」の双曲放物線面、双曲線面、らせん面の線織面幾何学でデザインされています。その結果、構造的に極めて合理的と考えられているゴシック建築（図98）の控壁、その先端を飾るピナクル、及び飛びアーチを不要とします。これらは天井ヴォールトの横に開こうとする推力を押さえつけるつっかい棒の役割を果たすものですが、転び柱の使用で推力が発生しないことから、つっかい棒は不要になっているのです（図99）。

ガウディによれば、創作に必要なものを発見する場所は、神による被造物の「大自然」です。この大自然から出発すれば、自然主義の建築になります。しかし、自然に幾何学を発見し、そこから出発すれば、幾何学主義の建築にもなります。例えば、ガウディは洞窟に放物線断面を見たり、自然には動物や人間の被造物も含まれますが、人の開いた手の指の付根部分を示し、「ご覧、放物線面だろ」と言ったり、また「前腕《ぜんわん》や棒を回せば、ラセン面になる」ことを観察したりします。こうした意味で、サグラダ・ファミリアの内部は、「静寂な森」を理念とする自然主義の建築ですし、すべての造形が線織面幾何学でデザインされている幾何学主義の建築でもあります。

またガウディは、創作に必要なものを発見する第二の場所として、人間の経験や業績、

図 97　サグラダ・ファミリア聖堂側廊ヴォールト天井（ガウディ、バルセロナ、1995-2000）

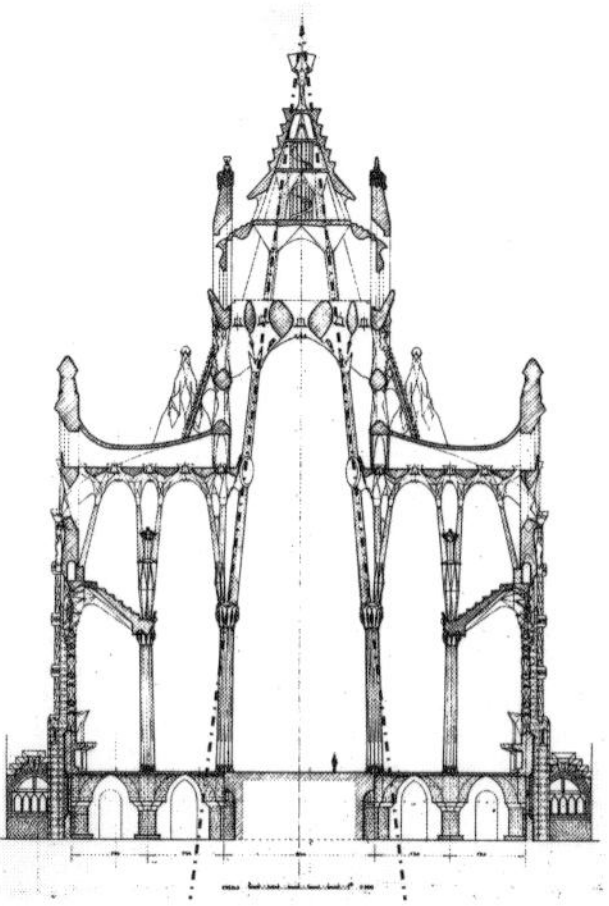

図 99　サグラダ・ファミリア聖堂横断面図（ガウディ、バルセロナ、1929 年初公表）

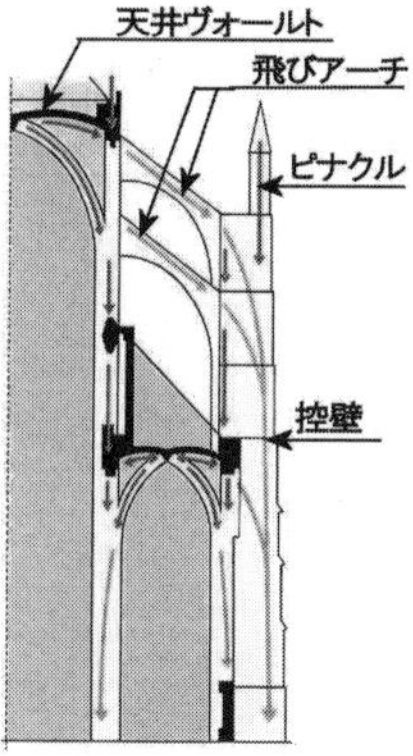

図 98　アミアン大聖堂横断面図（フランス、1220 年着工）

すなわち、人類の歴史を指摘します。

「独創的であろうと望むべきでない。いかなることも過去になされたことに基づくべきである。そうしなければ、目的には達せず、過去何世紀もの間になされてきたあらゆる失敗に陥るであろう。過去の教えを蔑むべきでない。各人は各人の様式をうちに持ち、知らず知らずのうちに出るものである」

歴史の中に成功例を発見し、その例から出発せよ、ということになります。これからは歴史主義の建築が生まれるでしょう。そして、独創性は、人は常に独自で、他人とは異なる唯一の存在ですから、自ずと出てくるはずと言います。また、発見する場所は、過去のみならず、同時代の現在にあることも忘れてはなりません。

「独創性は探すべきでない。そうすれば、とっぴさに陥るからだ。普段なされていることを観察し、それをより良いものにしようと心掛けることが大切である」

現世界を観察し、そこで発見したものから出発し、より良いものにしようとすること、これが独創性への正道だというのです。このより良いものをより理にかなったものとするなら、合理主義の建築の探求を意味することにもなるでしょう。

ガウディの処女作のカサ・ビセンスはスペインの歴史建築、かつ当時マドリードで流行し始めた歴史主義ネオ・ムデハルのレンガと野石積みに基づき、外観上部は全面的に色タイルで被覆された多彩色を特色とします。同時期のキハーノ邸でも同じ多彩色がレンガ造タイル被覆にも見られます。他方、同じく同時期のマタロ労働組合社サラシ工場は木造のパラボラ・アーチ、フィンカ・グエル（グエル別邸《ヴィラ》）の外観はネオ・ムデハル、その厩舎《きゅうしゃ》は、レンガ造のパラボラ・アーチを最大特色とします。この多彩色建築とパラボラ・アーチは明らかに「独創性を探した」結果であるでしょうし、当時のバルセロナでは「とっぴさ」に秀でた建築でしょう。しかし、タイルによる多彩色はレンガ造の防水・防塵《ぼうじん》に寄与し、放物線は力学が証明する極めて合理的な形態です。晩年のガウディは独創性を求めるべきでないと言いますが、しかし、若者にその気概がなければ、忍耐する必要も努力する必要もなく、独創性に達することもないでしょう。

三．自然法則を探求するもの

「新しい作品を作るため、自然法則を探求するものは、創造主と協働する」とは、創作するためのもう一つの条件になります。したがって、創作には、必要なものを自然に発見すると同時に、自然法則を探求することも不可欠になります。この「自然法則」とは「創造」の法則を意味し、この法則に従い創作すれば、時に耐える作品になるだろうと、次のように言います。

「ものの実現とは作る法則を（神による）『創造』の法則に一致させることである（そうでなくしては存続できないであろうし、脆《もろ》いものとなろう）」

　そして、経験、もしくは実験により、創作したものが創造の法則に合致しているかが判明するとして、こう付け加えます。

「これ（創作の法則と創造の法則との一致）を達成するためには『創造』（の法則）による承認である経験（＝実験）が不可欠になる」

　例えば、コローニア・グエル教会堂の逆さ吊《つ》り模型実験（図100）は、自然の法則である重力の法則をこの教会堂の構造力学の法則に合致させるものと言えるでしょう。

　この逆さ吊り実験のような場合、時間も労力もかかります。しかし、もっと一般的な方法があります。それは、神による法則の適用例を自然に発見し、その法則の模倣をすることです。法則の模倣ですから、創作と創造の法則が一致することになります。

「神はどれ一つとして無益な法則を作らなかった。つまりすべての法則は適用例を持つ。これらの法則と適用例を観察することが神の物理的な啓示を見ることである。発明は法則の適用例の模倣―飛行機は昆虫の模倣、潜水艦は漁の模倣―である。それ故、発明されたものが（神による）自然の法則に合致しない場合は、成功しない」

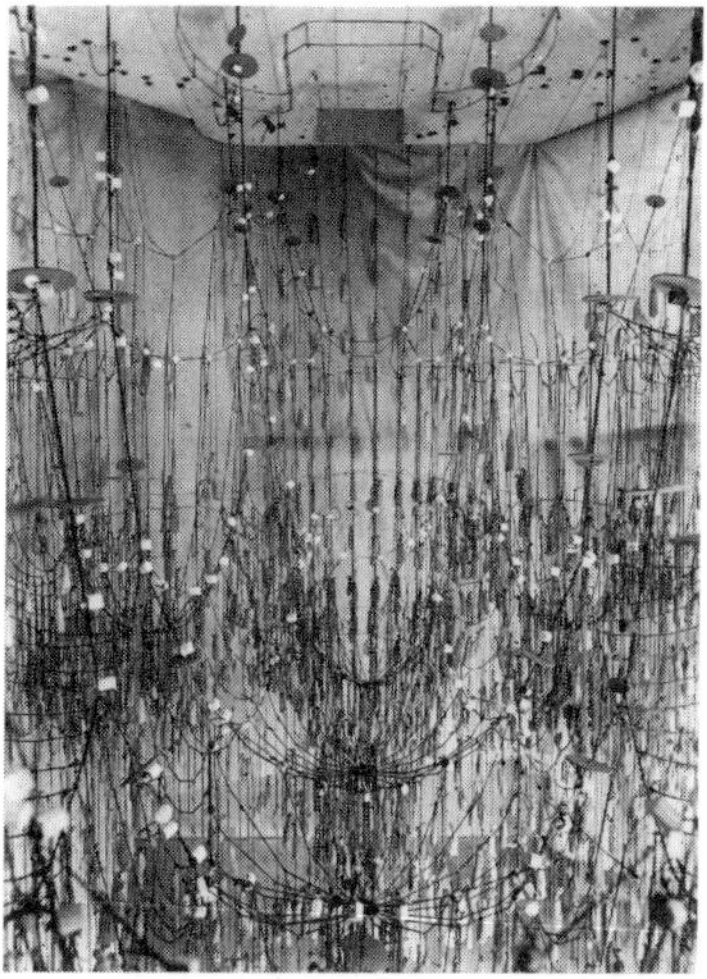
図100　コローニア・グエル教会堂逆さ吊り実験模型内部（ガウディ、サンタ・クローマ・ダ・サルバリョ、1898-1908）

模倣は模倣でも、法則の模倣なら、それを推奨します。すなわち、結果としての造形の外面の模倣ではなく、その造形に導いた法則の模倣を勧めているのです。例えば、サグラダ・ファミリアの樹木式構造は、樹木の造形をそのまま模倣しているのではなく、樹木の造形システム、つまり造形法則を模倣していると言えるでしょう。

四．独創性《オリジナリティ》とは、起源《オリジン》に戻ること

日本語の「独創」は独《ひと》りで創ると書きます。しかし、英語やラテン語系諸語（伊・仏・西語など）の「オリジナリティ」には、「起源性」（諸々の最初のもの）と、「唯一性」（繰り返し・写し・模倣・作り替えでないもの）を意味し、後者の意味で「独創性」に通じます。しかし、前者の意味でガウディの「独創性とは、起源に戻ることである」を邦訳すると、次のようになります。

「起源性《オリジナリティ》とは、起源《オリジン》に戻ることである」

このように訳すと、当たり前のことと思うに違いありません。このことを踏まえ、次のガウディの言葉を見ましょう。

「独創性（起源性）とは、起源に戻ることである。しかし、盲目的な原始主義に戻ることでなく、時代の要請に従い、時代が用意する手段を用いて、建築に提起された問題を再考することである」

原始は「物事のはじめ」ですので、起源と同意になります。建築の起源が原始時代の建築にあるとすれば、原始主義とはそうした建築に戻ることを意味します。しかし、原始時代の建築を現代に持ってこようとしても、材料や工法の点で同じものを作れないかもしれませんし、作れたとしても、そこでは現代生活を営むことはできないでしょう。現代の要請に応える機能を備える必要があります。

例えば、ガウディ作品で原始主義の建築と呼べるものはタンジール計画案（図80）です。この作品の着想源となった建築は、ナイル川デルタ地域の「多数の鳩舎塔《きゆうしや》よりなる村」（図79）と著者は考えています。この粘土から作られたエジプトの鳩舎塔はピラミッドの時代から存在する原始的な民家建築です。アフリカにしか存在しない土着の建築（図81）でアフリカの象徴になるでしょうし、鳩《はと》は平和の使者であり、「聖霊」と、時には神の象徴ですから、鳩舎は「神の家」、すなわちキリスト教の聖堂にもなります。タンジール計画案は、聖堂を併設するアフリカでの伝道本部ですし、平和の使者である伝道師たちの住まいですので、この鳩舎塔群の原始建築（起源）に戻ることで、アフリカ性、平和の象徴、そして「神の家」といった諸条件を満たすことになります。もちろん、盲目的に原始建築に戻り、鳩舎を作るのでなく、時代の要請であった「アフリカでの伝道本部」を計画するため、鳩舎塔建築を再考し、伝道本部にふさわしいものに作り替えています。結果として、極めて独創的な造形を獲得します。間接的とはいえ、サグラダ・ファミリア聖堂（図82）も、コローニア・グエル教会堂計画案（図83）も、またニューヨークの大ホテル計画案（図84）も同じ鳩舎塔に由来する原始主義の建築と言えるでしょう。事実、エジプトには後者の二計画案の構成に酷似する鳩舎塔も存在しました。サグラダ・ファミリアは中世の旧地区「鳩舎塔の聖アンドレウ」に位置し、コローニア・グエルは「サルバジョの聖なる鳩」市に属しますので、鳩とは無関係ではないのです。他方、逆さ吊り実験という極めて近代的な科学的手法を取り入れ、構造の安全性を検証していますから、「盲目的な原始主義に戻ること」を意味するものではありません。

同じ視点から、ガウディはサグラダ・ファミリアについて、こう語っています。

「独創性（起源性）とは起源に戻ることである。したがって、新しい方法を用いて始原的解決の単純性に戻ることは独創的（起源的）になろう。そのように（サグラダ・ファミリア聖堂でなされたように）、各ヴォールト天井が構造上独立して安定しているという複雑な方法を用いて、単純極まりない初期バシリカを解決することは独創的（起源的）なのだ」

このガウディの言葉でも、語源のオリジン（起源）と派生語のオリジナル（起源的な、唯一的な＝独創的な）やオリジナリティ（起源性、唯一性＝独創性）が語呂合わせのように使用されており、ガウディの機転をうかがい知ることができます。柱・壁と屋根よりなる極めて簡素な小屋が始原的建築と想定されますが、このような単純な要素で解決されるならば、起源的＝独創的であろう、とするのが最初の部分です。サグラダ・ファミリアに関しての部分の「初期バシリカ」とは、古代ローマの時代に生まれた初期のキリスト教聖堂（図101）が古代ローマの多機能（市場、商品取引所、裁判所、集会場など）の公共建築であるバシリカ（長堂）の建築形式（図102）を採用した起源的聖堂タイプを指します。起源的な初期例ですので、この建築は極めて単純です。サグラダ・ファミリアも単純なバシリカ形式（図103）を踏襲しています。そして、身廊部や翼廊部の四本の円柱で区画された部分を一つの構造単位とし、天井ヴォールトの架構された各構造単位は独立し、構造的にも自立しています。複雑な枝分かれ円柱と複雑な天井造形を持つ構造

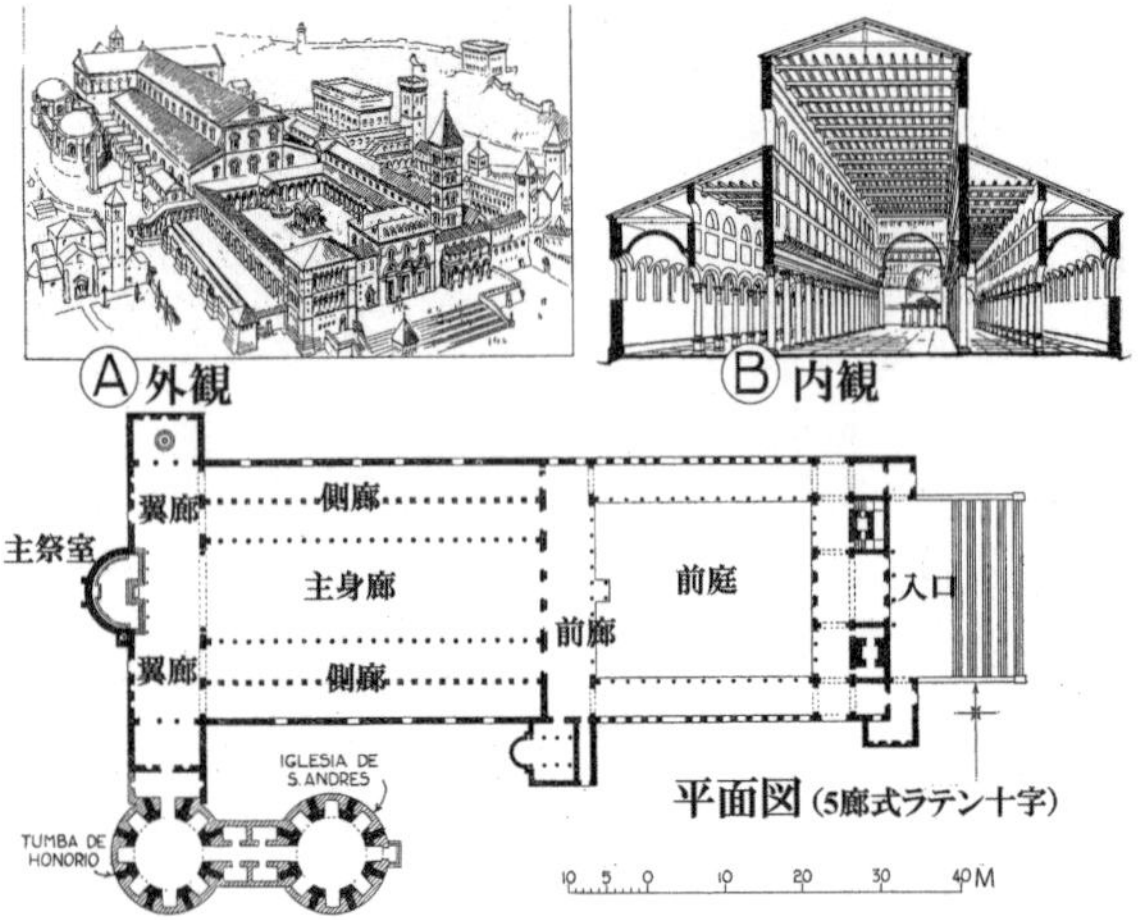

図 101　旧サン・ピエトロ・バシリカ大聖堂（ローマ、330-360）

単位の繰り返しで、単純なバシリカ形式を解決している意味で、独創的（唯一的）ですし、初期バシリカに戻っているという点で起源的でもあると、ガウディは言っているのです。

以上のことをまとめると、ガウディの戻るべき「起源」とは、第一に、有るもののすべての起源である「神」（神による「創造」の法則、自然法則）、第二に、神による被造物である「大自然」（自然主義、幾何学主義）、第三に、大自然の中で人類が最初に作った「始原的な建築」（原始主義）、第四に、人類の経験である「歴史建築」（歴史主義）、そして第五に、

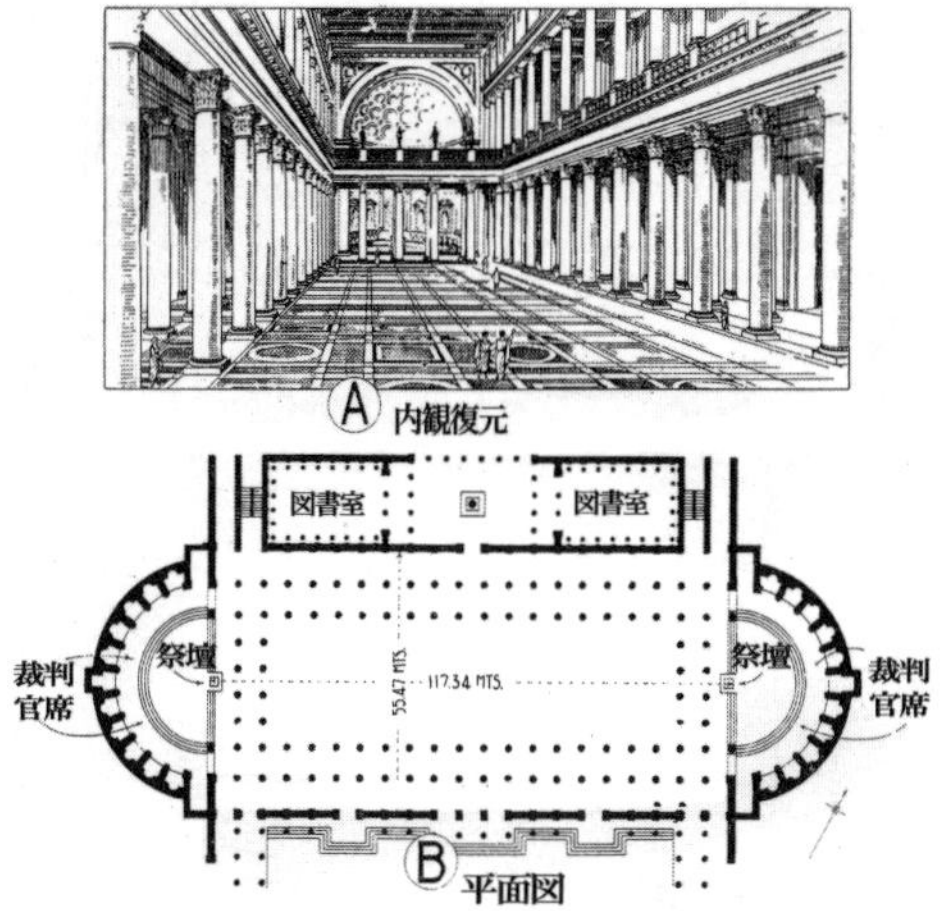

図102　トラヤヌス（在位98-117）の多機能バシリカ（ローマ）

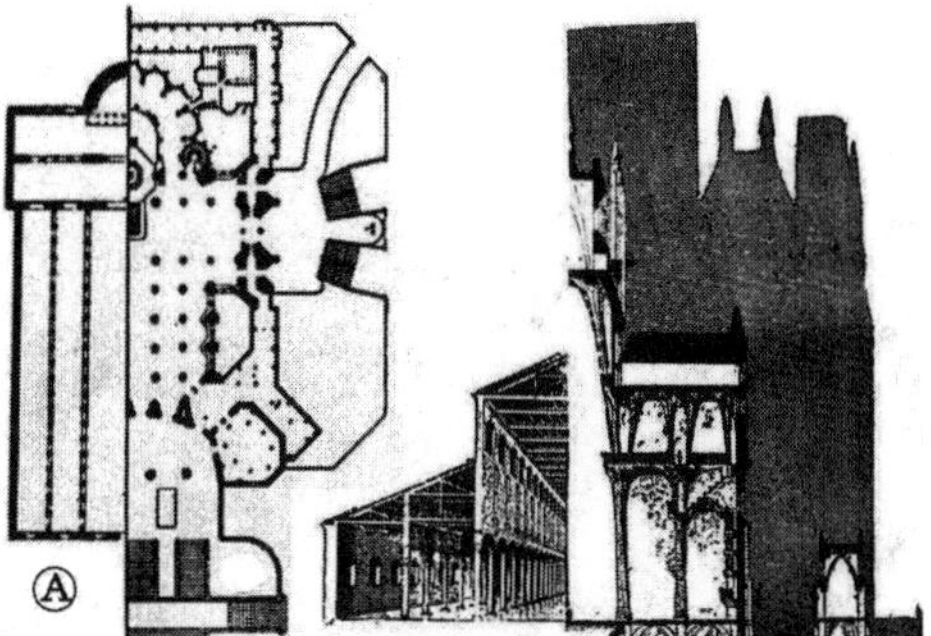

図103　ガウディによるバシリカとの比較。
Ⓐサンパウロ・フォリ・レ・ムーラ（ローマ、386）
Ⓑサグラダ・ファミリア聖堂

改善を目的とした「現在の伝統的手法」（合理主義）ということになるでしょう。

ガウディは、「模倣者は神と協働しない」と言います。存在するものをそのまま模倣すれば、模倣者です。しかし、自然や歴史、あるいは同時代に存在するものから出発し、それを、部分的にせよ、現在の必要に合わせ変更を加えるのであれば、模倣ではなく、一歩創作の側に前進することになります。ガウディの場合、歴史主義のネオ・ムデハルから出発しますが、特定のムデハル建築をそのまま模倣することはなく、その手法を模倣し、多彩色のタイル被覆やパラボラ・アーチなどの合理的な新要素を取り入れることにより、新しい建築を生み出しています。このことを単純化すれば、無《ゼロ》から有を作るのでなく、有を他の有に変換することで新しいものを作ると言えるでしょう。例えば、ガウディの自然主義では、自然洞窟の造形を建築造形に変換していますし、幾何学主義では、自然主義の造形を幾何学造形に変換している、と言えるでしょう。このように変換した要素をガウディ自身の造形言語とし、最終的には、変換された独自の造形言語の総体からガウディ建築の世界が形成されます。その結果、前代未聞の独創性が生まれました。それはガウディの全人生をかけて構築されたものです。

よく考えてみれば、不完全な人間には完璧な模倣は不可能です。模倣したつもりでも、どこかで間違いを犯すのが人の常ですから。だとすれば、誰もが創作者なのです。誰もが独創の道を歩んでいることを忘れてはならないでしょう。

天才ガウディ

天才ガウディは、生まれた時には存在せず、死んだときに生まれる人生の勲章と言えるでしょう。

この天才が生まれるには様々な条件があります。

第一に、一九世紀半ばに生まれる必要があります。それ以前ならば、歴史主義の建築家で終始したことでしょうし、それ以降なら、単純幾何学の近代建築を手掛けていたことでしょう。

第二に、金属加工を扱う職人の家に生まれなければなりません。でなければ、初期の段階から見事な鉄細工をデザインできなかったでしょうし、コツコツと寡黙に働く職人気質《かたぎ》にもならなかったでしょう。

第三に、一九世紀半ば生まれのスペイン人でなければならないでしょう。でなければ、ナショナリズムの理念に基づき至宝のアルハンブラやムデハル建築を自作の起源にすることはできなかったでしょう。

第四に、同時にカタルーニャ生まれである必要があります。経済復興による第二の黄金時代を迎え、カタルーニャ語の復活や文化の再興、さらには地方自治の確立などを目指すカタルーニャ主義の全盛を迎えようとする時期であり、カタルーニャの独自性、ひいては個々人の独自性（独創性）が強く求められていたからです。また、建築需要が高まり、建築学校が新設されているからです。

第五に、同じ条件下で出現した新興ブルジョア・新興貴族の存在も不可欠です。グエル伯爵とコミーリャス侯爵というパトロンの存在はガウディ建築誕生の絶対条件になるでしょう。

第六に、サグラダ・ファミリア聖堂の建築家に就任しなければなりません。この意味では聖堂創建者ブカベーリャと師マルトゥレイの存在は不可欠です。この聖堂の建築家になることにより、定収入の確保が確実になり、生活の安定が計られる一方、キリストをまねるキリスト教徒としての道を歩み始めます。これを決定づけたのは一八九四年の断食で、この断食から生還させたトーラス神父の存在も忘れてはなりません。ここから「神の建築家」への道が開かれます。

第七に、詩人マラガイの存在も必要な条件です。「生まれつつある聖堂」でサグラダ・ファミリアをゴシック大聖堂に並ぶバルセロナに不可欠の存在にします。また、「御慈愛のお恵みを!……」では、ガウディを「神の使者」である「カタルーニャの天才」と規定し，サグラダ・ファミリアを「聖ヨセフ信心会」の本堂から「カタルーニャ理想のモニュメント」に理念的転換を計り、その建設の続行をカタルーニャに課し、ガウディには聖堂計画案の完成と、自らの足での献金請いを求めます。この要請に従うことで、戦後の建設再開と現在のサグラダ・ファミリア聖堂が可能になっています。この生まれつつある聖堂の存在と「神の建築家」という心情が、一九〇〇年代の前代未聞のガウディ建築誕生の基盤になっていたと考えるからです。

そして最後の第八に、ガウディはガウディでなければなりません。ここに才能とか資質が含まれますが、少なくとも建築にしか携わることのできない不器用な男であること。

独りで建築の仕事に集中でき、忍耐強い努力家で、結婚もせず、家庭も設けず、人生のすべての時間を建築だけに捧《ささ》げることのできる人間でなければならないでしょう。

天才ガウディが生まれる条件の多くは、個人の資質的問題ではなく、個人ではどうしようもない生まれた場所と時代に関わります。

しかし、私は肉体的に限定されている私だけでなく、私が生きているこの歴史的世界もまた、私なのです。スペインの哲学者オルテガは、「私とは、私と私の環境である」と言います。また、同世代の西田幾多郎は次のように言います。

「我々の世界は、環境が人間を作り、人間が環境を作り行く、作られたものから作るものへと進み行く歴史的世界である」

ガウディは、正に、環境により作られ、そして、建築を作ることで、新たな環境を作り、かつ、その環境を作りながら自らも作り行く人生を歩んだと言えるでしょう。すなわち、私とは、私と私の属す歴史的世界なのです。

あとがき

天才だから偉大な作品を生み出せるわけではない。偉大な作品を生み出したから天才と呼ばれるのです。天才は天から降って湧いたようなインスピレーションから創作するわけではない。もしそうであるなら、天才を崇《あが》めることができても、天才から学ぶことはないのです。ガウディは、「人生は戦いである」と言います。戦う相手は自分自身ですし、自らの境遇・環境です。ガウディ建築は天から授かったものでなく、この飽くことなき戦いの戦利品なのです。

私のガウディ研究は、天才と呼ばれるガウディを凡人に戻すことでした。すなわち、ガウディの創作方式が一般人と変わらぬ人間の創作方式に基づいていたことを証明することにありました。これを証明したのが処女作の『ガウディの謎に満ちた世界』(*El mundo enigmático de Gaudí*, Madrid: Instituto de España, 1983. A4版全二巻、総頁約八〇〇頁)で、スペインの一〇の王立アカデミーを統合する「スペイン学術院」より出版されました。この著作は思い掛けない二つの副産物を生み出しました。

ガウディ建築が世界遺産に登録されるのは翌年の一九八四年です。ひとつはこれに貢献したことです。登録の申請書作成の担当者が拙書のある段落をコピーしたようで、その中で「私、日本人から……」という箇所を引用文としてではなく、本文として作成したため、上司から「君は日本人か？」と皮肉られたということで、拙書も多少は貢献していたのです。この処女作はまた、一九八五年以降、急速に建設が進展したサグラダ・ファミリア聖堂の建築家たちや模型職人たちの基礎資料《バイブル》になったことでも貢献しました。なぜなら、それまで知られていなかった聖堂の年代別建設状況、聖堂計画案の変遷、さらには計画案の模型の種類や制作年代などが視覚的にも明示されていたからです。

この「よみがえる天才」シリーズの本書に関心を持たれた読者諸氏なら、ガウディがどのように前代未聞の建築を生みだしたのかに興味を抱かれるに違いありません。この意味で、前掲の処女作は格好の参考書になるでしょう。しかし、スペイン語で書かれていますので、邦文で書かれた同趣旨の拙書・拙論を紹介することにします。これはまた、本書には典拠になった資料・文献を一切記載できませんでしたので、それらの情報を補うことにも役立つことでしょう。

鹿島出版会から出版された四部作『アントニオ・ガウディ』（一九八五）、『ガウディの建築』（一九八七）、『ガウディの七つの主張』（一九九〇）、および『ガウディ建築のルーツ』（二〇〇一）は、それぞれガウディの生涯、作品、思想、および造形的源泉をテーマにしたものです。中央公論美術出版から上梓《じょうし》された『建築家ガウディ、その歴史的世界と作品』（二〇〇〇）は、十九世紀後半のスペイン・カタルーニャの世界がガウディ建築誕生の母体であったことを明らかにするものです。同社出版の『建築家ガウディ全語録』（二〇〇七）は、ガウディが遺したメモ、文章、言葉などを収録したもので、ガウディ研究の基礎資料になります。

以下、個別テーマの文献を紹介します。出生地、およびレウスとバルセロナでの生活を扱った「ガウディの生活圏」（『特別展ガウディ×井上雄彦―シンクロする創造の源泉―』東映、二〇一四、一六六―一七一頁）。当時の教育環境と成績を詳述した「ガウディの学業成績」（『麒《き》麟《りん》』一五号一―三〇頁、神奈川大学二〇〇六年三月、前掲書『全語録』に再録）。青年ガウディの歴史建築写真資料を扱った「ガウディのデザイン・ソース―ロラン写真集発注用メモ注解―」(『スペイン・ラテンアメリカ美術史研究』七号一一一―一三九頁、スペイン・ラテンアメリカ美術史研究会、二〇〇六年十月、『全語録』に再録し、全写真を掲載)。サグラダ・ファミリアに関しては、「サグラダ・ファミリア聖堂の建立提案者と初期理念に関する考察」(『日本建築学会計画系論文報告集』四六九号一一一―一二〇頁、日本建築学会、一九九二年九月)、「サグラダ・ファミリア贖罪《しょくざい》聖堂の財政、および財政問題が同聖堂とガウディに与えた影響に関する考察」(『建築史学』二〇号五四―八九頁、建築史学会、一九九三年三月)、およびマラガイの聖堂賛歌を全訳した「ガウディ研究、マラガイのサグラダ・ファミリア聖堂賛歌」(『麒麟』二一号一―二八頁、神奈川大学、二〇一二年三月)。パトロンについては、「カタルーニャ・ムダルニズマ―その建築家たちとパトロンの系譜(ガウディとグエイを中心に)―」(『近代都市バルセロナの形成―都市空間・芸術家・パトロン―』慶應義塾大学出版会、二〇〇九、一五九―二一〇頁)、「世紀末バルセロナにおける芸術家と資本家――ガウディとグエイ家を中心に」(『イメージとパトロン―美術史を学ぶための23章―』ブリュッケ、二〇〇九、三四三―三六〇頁)、および「ガウディ研究、グエイとサグラダ・ファミリア聖堂」(『国際経営論集』四九号三七―五三頁、神奈川大学二〇一五年三月)。ガウディの幾何学造形については、展覧会図録『ガウディ　かたちの探求』(読売新聞東京本社、二〇〇三)などを挙げることができます。

これら論考の大部分は、その他のサグラダ・ファミリア聖堂計画案やガウディ作品に関する拙論を含めインターネットに公開されていますので、無料でダウンロードが可能です。ガウディに関する情報がより正確に広まることを願うばかりです。

本書は、筑摩書房編集部の鶴見智佳子さんの勧めにより実現したものです。これまでの拙書はすべて、専門書としてのそれでありました。今回初めて初心者を対象とした本を手掛けることになり、鶴見さんからは数々の助言を受けました。ここに感謝の意を表したく思います。

二〇二〇年一二月八日

鳥居徳敏

(白寿を祝し、この小冊子を母鳥居たよに捧げます)

ガウディ年表

西暦	年齢	ガウディ関連事項〈社会情勢〉	作品
1852	0歳	6月25日、父フランセスク・ガウディ、母アントニア・コルネートの5人兄弟末子として、タラゴナ県レウス市に生まれる。父は銅板器具の職人。	
1863	11歳	中等教育はレウス市の宗団経営の私学エスクエラス・ピアス学院（～68）で受ける。ただし、最高学年で単位を落とし、学業は未修得に終わる。	学友トーダとリベーラとで、手書きの小雑誌『道化』を発行し、劇団を作る。前者では挿絵、後者では舞台装飾を担当（67～69）
1866	14歳	サグラダ・ファミリア聖堂の建立母体「サン・ホセ信心会」が、J・M・ブカベーリャにより設立。	
1868	16歳	バルセロナで就学。 〈スペイン9月革命。明治維新〉	
1873	21歳	バルセロナ県立バルセロナ建築学校（今日のカタルーニャ工科大学バルセロナ建築学部）へ入学。	
1874	22歳	サグラダ・ファミリア聖堂の建立が提案される。	

1875	23歳	この学生時代、建築家L・サラリャック、F・P・ビリャール・ロサーノ、工匠J・フンサレーらのもとでアルバイト生活。	シウタデーリャ公園（フンサレー作、バルセロナ、～81）
1876	24歳	ガウディ家、バルセロナに移住。	モンセラー修道院聖堂カマリン（主祭壇裏祭室、ビリャール作、同年着工）
1878	26歳	3月15日、建築家のタイトルを取得。パリ万博に展示された革手袋店のショーケースのデザインが、後にパトロンとなる、アウゼビ・グエルに認められた。	ライアール広場街灯（バルセロナ、～79）、マタロ労働組合社（マタロ、～85、第一次活動期）
1880	28歳	カタルーニャ主義科学的探訪協会理事（～81年）。	
1881	29歳	バルセロナ学芸協会美術部門委員長に就任。サン・ホセ信心会、サグラダ・ファミリア聖堂の建設地購入。	
1882	30歳	3月19日、サグラダ・ファミリア聖堂起工式。	
1883	31歳	11月3日、サグラダ・ファミリア聖堂の二代目建築家に就任。	マタロ労働組合社（マタロ78～85、第二次活動期）、カサ・ビセンス（バルセロナ、～85）、キハーノ邸『奇想館』（コミーリャス、～85）
1884	32歳	建築家にふさわしい作品を手掛け始め、経済的にも独立できる状態になった。	グエル別邸（バルセロナ、～87）

1886	34歳	サグラダ・ファミリア聖堂地下礼拝堂の翌年完成と、聖堂を10年で完成させる訴えが、サン・ホセ信心会の機関紙に頻繁に掲載される。	グエル館（バルセロナ、～90）
1887	35歳	翌年のバルセロナ万博の会場施設の建設準備が進む。建築学校校長のE・ルジェンがコーディネイターとなり、各施設の設計を教職にあった建築家たちに委ねた。カタルーニャのモデルニスモ建築が確立。	バルセロナ市庁舎市議会ホール改造計画（～88）、アストルガ司教館（アストルガ、同年設計依頼、89年着工、93年建設中断）
1888	36歳	バルセロナ万博開催。サグラダ・ファミリア聖堂第一期建設中断危機（～89）	サンタ・テレサ学院（バルセロナ、～90）、バルセロナ万博、大西洋横断社展示館改造（現存せず）
1890	38歳	8月3日、新聞にグエル館竣工の特集記事が掲載され、名声の第一歩が始まる。	コローニア・グエル（サンタ・クローマ・ダ・サルバリョ、同年創設）
1891	39歳	夏、もしくは、翌年の初め頃、二代目コミーリャス侯爵とアンダルシア地方の主要都市とモロッコのタンジールへの旅行。サグラダ・ファミリア聖堂への高額献金「イザベル夫人」（～98）が届く	ボティーネス館（レオン、同年設計、翌92～93年建設）
1892	40歳	4月22日、サグラダ・ファミリア聖堂創建者ブカベーリャ他界。	アフリカ・カトリック伝道本部計画案（タンジール、～93）
1893	41歳		最初のコローニア・グエル教会堂計画案作成

年	年齢	出来事	作品
1894	42歳	死に瀕する断食。〈日清戦争〉	
1898	46歳	降誕の正面の全貌が明らかになるに従い、サグラダ・ファミリア聖堂がゴシック様式のカテドラルとともに、バルセロナには欠かせぬモニュメントだと言われ始める。〈米西戦争、スペイン最後の植民地キューバ、フィリピンを失う〉	カサ・カルベート（バルセロナ、〜00）、コローニア・グエル教会堂（サンタ・クローマ・ダ・サルバリョ、〜14、未完）
1900	48歳	6月11日、カサ・カルベートがバルセロナ市第一回建築年間賞に輝く。マラガイ最初の聖堂賛歌「生まれつつある聖堂」。	ベリャスグアルト（バルセロナ、〜05）、グエル公園（バルセロナ、〜14）
1903	51歳	国外でガウディの評価が始まるとともに、バルセロナでは名声が確立。	栄光の第一秘跡「キリストの復活」（モンセラー、〜16）
1904	52歳	工芸新人賞コンクール審査委員。〈日露戦争〉	カサ・バッリョ（バルセロナ、〜06）、マリョルカ大聖堂修復（パルマ、〜14）、ルベルト博士のモニュメント（バルセロナ、〜10）
1905	53歳	11月マラガイが聖堂賛歌「御慈悲のお恵みを！」を発表し、聖堂計画案の完成を要請する。	

1906	54歳	グエル公園内の一戸建住宅（今日のガウディ記念館）を購入し、父姪とともに移り住む。半年後、父フランセスクが93歳で他界。	サグラダ・ファミリア聖堂外観完成予想図初公表。カサ・ミラ（バルセロナ、〜10）
1908	56歳	バルセロナ旧市街改造顧問委員・美術品調査委員・モニュメント保全再建部門委員賞。	大ホテル計画（ニューヨーク、実現せず）。サグラダ・ファミリア聖堂付属仮設学校（バルセロナ、〜09）、コロニア・グエル教会堂（サンタ・クローマ・ダ・サルバリョ、〜14）
1912	60歳	サグラダ・ファミリア聖堂第三期建設中断危機（〜17） 〈大正元年〉	
1914	62歳	11月、他のすべての作品から手を引き、聖堂だけに専念することを宣言。この頃からの9カ月間、献金集めにガウディの戸別訪問。 〈第一次世界大戦（〜18）〉	
1915	63歳		ガウディ編『サグラダ・ファミリア聖堂アルバム』（初版1915、第二版1917、第三増補版1922、第四増補版1925）
1916	64歳	サグラダ・ファミリア聖堂への最大献金（小切手二枚）がガウディに届き、現在までの建設を可能とした「備蓄基金」となる。	